Inhaltsverzeichnis

Vorwort

Liebe Leserinnen und Leser,

seit der Gründung der „Lernwerkstatt KinderRaum“ im Jahr 2006 arbeite ich, Alexandra Richarz, Diplom-Sozialpädagogin, nach den Leitgedanken Maria Montessoris. Dieses Werk ist das Ergebnis jahrelanger positiver Erfahrungen mit unserem selbst hergestellten Spielmaterial. Dieses wird von uns so konzipiert, dass die Kinder Lust bekommen, sich selbst auszuprobieren und aus ihren Erfahrungen zu lernen, ohne ausführliche Anleitungen von uns Erwachsenen zu benötigen. Die Lernwerkstatt KinderRaum wird wöchentlich von bis zu 60 Kindern im Alter von 9 Monaten bis 3 Jahren gemeinsam mit ihren Eltern besucht. Im Nachmittagsbereich biete ich gemeinsam mit Anna Kaufmann, staatlich anerkannte Erzieherin und Werkstattpädagogin für Kinder bis zu 10 Jahren, Kurse zu speziellen Themen wie zum Beispiel Kreativ- oder Wissenskurse an. Jede Woche wird den Kindern ein neues, von mir selbst hergestelltes Material vorgestellt, mit dem die Kinder ihrem Alter entsprechend individuell arbeiten können. Im Nachmittagsbereich stehen den Kindern die Materialien zum Freispiel zur Verfügung. Wir erleben in unserer Lernwerkstatt interessierte und konzentrierte Kinder, die sich mit Freude den Aufgaben stellen und dabei spielerisch lernen. Unser Lernerfolg besteht also nicht aus faktischer Wissensaneignung, sondern daraus, dass die Kinder Interesse am Material entwickeln und durch das Ausprobieren und das eigene Tun lernen. Die Wertschätzung gegenüber den Kindern und deren Tun steht bei uns im Vordergrund. So wollen wir dem Bedürfnis nach Respekt, Gehör und Selbstständigkeit Raum bieten.

Es ist für die Erstellung der Aktionstabletts, der Wannen und Bretter nicht nötig, teures Spielmaterial zu kaufen, dessen Wert sich Kindern ohnehin nicht erschließt. Die hier vorgestellten Angebote werden aus Alltagsgegenständen hergestellt, die mit wenig Aufwand leicht nachgebastelt werden können.

Danksagung

Unser Dank gilt den Kindern, die gerne zu uns kommen und sich neugierig und selbstbewusst den einzelnen Aufgaben stellen, sowie deren Eltern, die uns ihr Vertrauen im Umgang mit ihren Kindern schenken.

Weiterhin möchten wir den Einrichtungen danken, die uns für Fortbildungen buchen. Wir empfinden den Austausch mit den pädagogischen Fachkräften als sehr bereichernd.

Außerdem bedanken wir uns bei unseren Familien, die uns mit Geduld, Interesse, Wertschätzung, Rat und vor allem mit technischem Know-how zur Seite standen. Danke, Uli, danke, Zoe – ohne euch wäre das hier nie entstanden! Danke, Mama, für deine Hilfe bei der Bastelarbeit! Danke, Charlotte, für die vielen Tabletts, die du für uns als Erste ausprobiert hast. Danke, Bernd, für die vielen Stunden des Babysittens.

Zuletzt ein herzliches Dankeschön an Nadine Plocher von blond-ink *(www.blond-ink.de)*, die sich spontan bereiterklärt hat, die Kinderfotos im Buch für uns zu machen, und an Frau van Lipzig für ihr tolles Lektorat.

Alexandra Richarz
Anna Kaufmann

Vorbemerkungen

Förderziele

Durch die Aktionstabletts lernen die Kinder aus eigener Kraft, Zusammenhänge und Handlungsabläufe zu verstehen und zu verinnerlichen. Ein Tablett gibt ihnen hierbei einen Rahmen und schafft Übersicht und Ordnung. So erhalten die Kinder bei ihrer Arbeit Sicherheit und Orientierung. Die unterschiedlichen Angebote fördern die Fein- und Grobmotorik, die Wahrnehmung, die Sprache, die kognitiven und lebenspraktischen Fähigkeiten. Nachdem eine Einführung zur Verwendung der Tabletts stattgefunden hat, können die Kinder weitestgehend allein mit ihnen arbeiten. Dadurch werden das Selbstvertrauen und die Selbstachtung der Kinder gefördert. Mit den hier vorgestellten Materialien werden folgende Fähigkeiten und Fertigkeiten angesprochen:

Motorik:

Auge-Hand-Koordination
Das Ziel ist die Fähigkeit, Gegenstände mit den Augen erfassen und die Hände entsprechend dem Wahrgenommenen bewegen zu können. Das ist die Grundvoraussetzung zum Schreibenlernen.

Pinzettengriff
Bei dem Pinzettengriff greifen Kinder Gegenstände mit den Fingerkuppen von Daumen und Zeigefinger. So wird die Feinmotorik geschult, die beim Malen, Puzzeln, Essen etc. gebraucht wird.

Visuelle Wahrnehmung:

Formwahrnehmung
Die Kinder lernen, geometrische Figuren unabhängig von Größe, Farbe oder Lage zu erkennen. Später sollen die Kinder Wörter, die sie gelernt haben, auch in einem fremden Text oder in verschiedenen Schriftarten wiedererkennen können.

Farbwahrnehmung
Das Ziel ist es, Farben erkennen und benennen zu können.

Auditive Wahrnehmung:

Sprachverständnis
Die Kinder lernen, Sprache zu verstehen und sich selbst auszudrücken.

Auditive Aufmerksamkeit
Das Ziel ist es, die Erfassung des Gehörten und dessen Verarbeitung durch das Gehirn zu trainieren.

Taktile Wahrnehmung:

Berührungswahrnehmung
Die Kinder bekommen ein Gespür für den eigenen Körper: Wie fühlt sich etwas an?

Umgang mit formbarem Material
Hier wird die gesamte Handmuskulatur trainiert.

Kognitive Fähigkeiten:

Umgang mit Mengen und Zahlen

Die Kinder trainieren die Informationsverarbeitung von mathematischen Grundbegriffen.

Merkfähigkeit

Die Kinder erwerben die Fähigkeit, einen Inhalt im Gedächtnis behalten zu können. Die beim Hantieren entstehenden Grunderfahrungen sind wichtige Voraussetzungen für späteres systematisches Lernen.

Lebenspraktische Übungen:

Die lebenspraktischen Übungen wurden von Maria Montessori in **Übungen zur Pflege der Umgebung** (z. B. Wäsche aufhängen), **Übungen zur Pflege der eigenen Person** (z. B. sich selbstständig an- und ausziehen) und **Übungen des sozialen Lebens** (z. B. Rollenspiele) unterteilt.

Da die Übungen des sozialen Lebens in unserer Lernwerkstatt in der Regel nicht bei der Beschäftigung mit den Tabletts, sondern im Rollenspiel und im gemeinsamen Tun – beispielsweise bei der Einführung des Materials – stattfindet, konzentrieren wir uns bei dem hier vorgestellten Material auf die Bereiche

- **An- und Ausziehen,**
- **Öffnen und Schließen,**
- **Tisch decken und**
- **Wäsche auf- und abhängen.**

Die Kinder lernen durch diese Übungen, alltägliche Arbeiten selbstständig und ohne die Hilfe Erwachsener zu verrichten. Damit gelangen sie zu einem größeren Selbstbewusstsein, was wiederum ihre Unabhängigkeit uns Erwachsenen gegenüber fördert.

Arbeitsplatz

Im Gruppenraum oder im Kinderzimmer lässt sich ein Arbeitsplatz für Kinder gut einrichten. Viel Platz ist dafür nicht notwendig. Oft genügt ein Regal, das mit den Tabletts und Aktionswannen bestückt ist, sowie ein Kindertisch mit Stuhl, Bodenkissen und Teppichfliesen.

Das Regal wird am besten den Altersstufen entsprechend eingerichtet. Im unteren Regalbrett steht **ein** Tablett **oder eine** Aktionswanne für Kinder ab 9 Monaten. Im zweiten Regalfach steht Material für Kinder ab 1 Jahr bereit. Für diese Altersgruppe sind höchstens **zwei** Tabletts auf einmal im Einsatz, um die Kinder vor Materialüberflutung zu schützen und die Besonderheit des Materials hervorzuheben. Im Idealfall ist das Regalbrett hoch genug angebracht, sodass sich nur Kinder bedienen, die schon frei stehen können. Ab 1 ½ Jahren ist das nächste Regalbrett vorgesehen und ab 2 Jahren das oberste Brett. Auch hier stehen **zwei bis höchstens drei** Tabletts.

Das Regal kann auch mit für Kinder leicht zu öffnenden Schubfächern ausgestattet sein. Idealerweise ist dann auf der Schublade ein Foto des beinhalteten Materials angebracht.

In der Nähe des Regals mit den Aktionstabletts kann ein einzelner Tisch stehen, an den sich das Kind setzt, um seine Arbeit zu erledigen. Einige Kinder arbeiten am liebsten im Stehen, vorzugsweise, wenn sie gerade das Laufen lernen. Auch das sollte von den Erwachsenen gefördert werden, um dem natürlichen Bewegungsdrang der Kinder entgegenzukommen.
Andere Kinder setzen sich vielleicht lieber mit einem Kissen auf den Boden. Als Begrenzung des Arbeitsplatzes dient das Tablett.
Kinder, die noch nicht selbstständig sitzen können, arbeiten liegend auf dem Boden. Hier kann auf ein Tablett verzichtet werden. Als Begrenzung dient eine Krabbeldecke, auf der das Kind liegt.

Die Tabletts sollten nicht zu groß, nicht zu schwer und idealerweise mit Griffen versehen sein, sodass gerade Kinder unter 3 Jahren sie gut transportieren können. Wenn auf Griffe verzichtet werden kann, können die Tabletts auch aus verzierten Schuhkartondeckeln selbst hergestellt werden. Das Ziel der Verwendung von Tabletts ist es, den Kindern Übersicht und Ordnung zu verschaffen, denn das gibt ihnen bei der Arbeit Sicherheit und Orientierung.

Die Aktionswannen können Sandmuscheln, Babybadewannen, Maurerwannen oder Planschbecken sein. Eine Aktionswanne sollte idealerweise so groß sein, dass die Kinder im Material „baden“ können. Die Kinder haben so die beste Möglichkeit, das Material wahrzunehmen, indem sie es fühlen, ertasten und untersuchen.
Es hat sich bewährt, die Aktionswannen im Wasch- oder Werkraum aufzustellen. Außerdem ist es sinnvoll, eine kleinere Wanne in eine größere zu stellen. So können die Kinder mit dem Material in der kleineren Wanne arbeiten und wenn die Wannenbegrenzung nicht ausreicht, dient die größere Wanne als Auffangbecken.

Die Aktionsbretter können entweder an einer Wand des Gruppenraums angeschraubt werden oder sie dienen als Barfußparcours und werden zum Balancieren auf dem Boden ausgelegt.

Eine weitere Möglichkeit, das Material in den pädagogischen Alltag einzubauen, bieten altersentsprechend sortierte Boxen und Kisten. In diesen befinden sich Materialien, die in Halbjahresschritten gegliedert sind und sich zur Ist-Stand-Überprüfung von Entwicklungsgesprächen eignen. Um auch den Eltern diese Vorgehensweise transparent zu machen, können die entsprechenden Boxen zum Entwicklungsgespräch mitgenommen werden. So kann den Eltern der Entwicklungsstand verdeutlicht werden.

Vorbereitete Umgebung

Die Grundvoraussetzung für den gelungenen Einsatz von thematischen Tabletts oder Wannen ist eine sehr gute Beobachtung seitens der Erwachsenen: Was interessiert die Kinder? Was macht ihnen Spaß und in welchen Bereichen benötigen sie weitergehende Herausforderungen? Dementsprechend sollten die Materialien entwickelt und bereitgestellt werden. So kann das Kind in seiner vorbereiteten Umgebung äußere Anregungen finden, die als „innere Nahrung" dienen. Wenn einzelne Kinder gefördert werden sollen, können auch spezielle Tabletts nur für sie zusammengestellt werden, die die Erwachsenen nach Bedarf herausgeben.
Wir versuchen möglichst oft, die Kinder in den Herstellungsprozess der einzelnen Tabletts miteinzubeziehen. Daraus ergibt sich eine besondere Wertschätzung des Materials.

Die Tabletts werden von den Erwachsenen angeordnet. Sie sollten die Kinder ansprechen und selbsterklärend sein, damit die Kinder selbstständig arbeiten können. So können die Materialien direkt und ohne lange Erklärungen zum Einsatz gebracht werden.
Die Kinder werden dazu angehalten, das Material nach getaner Arbeit wieder in die einzelnen Körbchen auf den Tabletts einzusortieren und das Tablett zurück an seinen Platz zu stellen. Diese äußere Ordnung ermöglicht es ihnen, konzentriert und strukturiert zu arbeiten. Dennoch sollte der Erwachsene nach jedem Arbeitsgang überprüfen, ob die richtige Struktur wiederhergestellt ist, bevor das nächste Kind an dem Tablett arbeiten kann.
Unser Material ist jeweils nur einmal vorhanden, sodass die Kinder lernen, sich abzusprechen und ggf. zu warten, bis das Material frei wird. Die Tabletts werden durch neues Material ersetzt, wenn das Interesse nachlässt oder ein neues Förderziel durch die Kinder vorgegeben wird.

In unserer Praxis hat es sich in der Freiarbeit als sinnvoll erwiesen, die Kinder ihr gewünschtes Material anhand eines Fotovorhangs aussuchen zu lassen. Dazu werden die Materialien abfotografiert und den Förderzielen entsprechend sortiert. Die Kinder können auf ein Foto zeigen und die Erwachsenen holen das gewünschte Material. Die Materialien befinden sich bei uns jeweils in Gefrierbeuteln mit Zippverschluss. Die Kinder haben nun zuerst eine Aufgabe des täglichen Lebens zu bewältigen: Sie müssen den Reißverschluss öffnen, um das Material auf ihrem Tablett anrichten zu können.

Methodik

Wir sehen das Spiel als die „Arbeit" des Kindes an. Entsprechend wertschätzend begegnen wir unseren Kindern. Unsere Beobachtungen basieren auf der Hervorhebung des positiven Handelns. Wir wollen auf Lob nicht verzichten, jedoch auf einen Blick, der Schwächen und Fehler der Kinder in den Vordergrund stellt. So werden bei unserer täglichen Arbeit alle Kinder im Abschlusskreis einzeln für eine Tat oder Tätigkeit gelobt. Die positive Bewertung schafft unserer Meinung nach keine Abhängigkeit von einem persönlichen „Bewertetwerden", sondern trägt zu einer selbstbewussten Persönlichkeitsbildung bei.

Die Kinder bestimmen die Länge ihres Tuns selbst. Durch mehrmaliges Wiederholen wird die vollzogene Handlung verinnerlicht und die Konzentrationsfähigkeit gefördert. Bitte denken Sie daran, dass die durchschnittliche Konzentrationsspanne bei Kindern zwischen 5 und 7 Jahren bei etwa 15 Minuten liegt. Kinder unter 3 Jahren beschäftigen sich in der Regel höchstens 5 Minuten mit einem Material.
Mit welchem Material sich die Kinder beschäftigen, bestimmen diese ebenfalls selbst. Die Hauptaufgabe der Erwachsenen besteht dabei darin, die Bedürfnisse der Kinder zu befriedigen, indem sie diese genau beobachten und sich fragen: Mit welchem Material kann ich das Kind in dem Entwicklungsschritt, den es gerade durchläuft, begleiten und fördern? Der Ort, an dem das Kind sich mit seinem Material beschäftigt, ist ebenfalls frei wählbar.

Die Aufgabe des Erwachsenen kann wie folgt zusammengefasst werden:

- Wir beobachten, was das Kind gerade braucht.
- Wir begegnen dem Kind wertschätzend.
- Das Kind bestimmt das Material selbst.
- Das Kind bestimmt den Arbeitsplatz selbst.
- Das Kind bestimmt die Dauer seines Tuns selbst.

Bei der Arbeit an den Tabletts sollte der Erwachsene bei Rechtshändern immer links vom Kind und bei Linkshändern rechts vom Kind sitzen. Denn die Kinder sollten auf ihrem Tablett von links nach rechts arbeiten, um die spätere Schreibrichtung zu unterstützen.

Einführung des Materials

Ein neues Tablett kann während eines Stuhlkreises eingeführt werden oder Sie bringen das Material den Kindern einzeln näher. Bei manchen Tabletts, gerade bei sprachförderndem Material, können die Erwachsenen neben dem Kind sitzen und gemeinsam die Lernziele erarbeiten. So kann ein Tablett eingeführt werden:

1. Der Erwachsene ergreift und benennt einen Gegenstand, der sich auf dem Tablett befindet. Bitte ermutigen Sie die Kinder, in ganzen Sätzen zu sprechen, indem Sie beispielsweise selbst sagen: „Das ist eine rote Feder und ich lege sie in die rote Schale."

2. Anschließend fordern Sie die Kinder auf, selbst zu handeln, zum Beispiel: „Nimm bitte die rote Feder und lege sie in die rote Schale."

3. In einem dritten Schritt benennen die Kinder die Farben eigenständig und ordnen passende Farben einander zu. Ab diesem Schritt kann das Kind das Lernziel ohne Hilfe vertiefen.

Bitte denken Sie immer daran, Ihre Kinder in ihrem Handlungsbedürfnis zu unterstützen und sie nicht zu bedienen, sodass sie zu selbstständigem Handeln erzogen werden.

Altersangaben

Die Altersangaben zu unserem selbst hergestellten Spielmaterial sind als Richtwerte zu verstehen. Die Spielmaterialien sollten der Entwicklung und dem gerade „offenen" Entwicklungszeitfenster des einzelnen Kindes entsprechend angeboten werden.

Achtung: Das Material sollte nicht unbeaufsichtigt bespielt werden. Gerade für Kinder, die noch viele Gegenstände mit dem Mund erkunden, können so Gefahren durch zum Beispiel Verschlucken entstehen. Um die Gefahren bei Kindern unter 3 Jahren so gering wie möglich zu halten, raten wir Ihnen, alle Spielmaterialien vor dem Einsatz durch einen Kleinteile-Tester zu prüfen.

Spielverhalten von Kindern unter 3 Jahren

Maria Montessori bezeichnete das Spielen als die Arbeit des Kindes. Da Kinder ihrer Umwelt in der Regel neugierig und aufgeschlossen begegnen, zeigen sie eine hohe Lernmotivation.
Bei den Aktionstabletts stehen Informationsspiele, also Lernspiele, im Vordergrund.

Wir unterscheiden hier zwischen

- Sinnesspielen, die hauptsächlich die Wahrnehmung und die Motorik fördern,
- kognitiven Spielen, die hauptsächlich die mathematische Fähigkeit und die Merkfähigkeit fördern,
- lebenspraktische Übungen sowie
- Sprachspielen.

Sinnesspiele

Unser Sinnesspielmaterial ist unterteilt in die Förderziele **taktile, auditive** und **visuelle Wahrnehmung** sowie **kognitive Spiele** und **lebenspraktische Übungen.** Da Säuglinge und Kleinkinder bis zum Ende der oralen Phase sowieso jeden Gegenstand mit dem Mund erkunden, haben wir hierzu keine eigene Kategorie aufgestellt. Wir möchten jedoch ausdrücklich betonen, wie wichtig es ist, dass Kinder oral sein dürfen. Denn so erhalten sie die meisten Informationen über den jeweiligen Gegenstand, da sich im Mund mehr Nervenenden als in jedem anderen Körperteil befinden.
In unserer Lernwerkstatt werden die Kinder nicht nur durch die Aktionstabletts oral gefördert, sondern auch durch selbst hergestellte Farbe, mit der wir mit Kindern ab 9 Monaten arbeiten. Dazu verrühren wir 5 Esslöffel Dinkelmehl oder Maisstärke mit 100 Millilitern Wasser, bis keine Klümpchen mehr vorhanden sind. Die Masse wird kurz aufgekocht und Lebensmittelfarbe hinzugegeben, bis die gewünschte Farbintensität erzielt ist. Die Farbe sollte direkt nach dem Abkühlen verwendet werden.

Orales Erkunden: Säuglinge und Kleinkinder untersuchen Gegenstände zunächst mit dem Mund. Über die Zunge bekommen sie die meisten Informationen über den Gegenstand, denn hier befinden sich mehr Nervenenden als in jedem anderen Körperteil.

Taktiles Erkunden: Da der Säugling mit einem angeborenen Greifreflex zur Welt kommt, wird er ab der Geburt taktile Erfahrungen machen. Ab dem 6. Lebensmonat beginnt die Entwicklung der Feinmotorik durch die Auge-Hand-Koordination. Das heißt, dass das Kind seine Handbewegungen durch das Auge steuert. Ab diesem Moment kann das Kind selbstständig Dinge ergreifen und erfahren. Durch unser Material soll die Handmuskulatur der Kinder durch Druckdosierung kontrolliert werden können und die Feinmotorik soll sich weiterentwickeln, sodass die Kinder beispielsweise auf das Schreibenlernen vorbereitet werden.

Auditives Erkunden: Sobald Kinder greifen können, hantieren sie mit dem Spielmaterial. Das Kind beginnt, Gegenstände gegeneinander oder auf Unterlagen zu schlagen, zu betasten, zu befühlen, hin- und herzuschütteln und zu werfen. Dadurch erfährt es auch, wie sich dieser Gegenstand anhört. Die auditive Aufmerksamkeit kann deshalb von Anfang an passiv gefördert werden. Aktiv beschäftigt sich das Kind mit Geräuschen, sobald es Gegenstände selbstständig bewegen kann. Durch unser Material zur auditiven Wahrnehmung soll das Sprachverständnis der Kinder gefördert werden.

Visuelles Erkunden: Säuglinge können ab der Geburt Farben erkennen. Wissenschaftler haben festgestellt, dass schon 4 Monate alte Säuglinge eine Lieblingsfarbe haben können. Aber erst im zweiten Lebensjahr tritt das visuelle Erkunden in den Vordergrund. Wenn das Auge das primäre Sinnesorgan wird, wandern unbekannte Gegenstände nicht mehr so oft in den Mund. Wann ein Kind die Farben benennt, hängt von der sprachlichen Entwicklung ab. Durch unser Fördermaterial möchten wir den Kindern somit in erster Linie Farben und Formen näherbringen.

Kognitive Spiele

Ab dem 9. Monat finden Kinder heraus, dass Dinge, die nicht sichtbar sind, dennoch weiter existieren. Dieses Wissen wird verinnerlicht und ab diesem Zeitpunkt finden die ersten Übungen statt, um die kognitiven Fähigkeiten zu stärken.

Nach dem ersten Geburtstag erkennen Kinder zunehmend Zusammenhänge: Das Spielzeug bewegt sich, wenn ich an der Schnur ziehe. Wenn ich einen Knopf drücke, gibt es ein Geräusch. Ursache-Wirkungs-Zusammenhänge werden untersucht. Dinge werden kategorisiert, was die Grundlage für das logische Denken bildet.

Nun wollen Kinder Türme bauen, Wasser von einem Behälter in den anderen füllen und Becher stapeln. Diese Tätigkeiten dienen der Erkundung des Raumes. Das Kind lernt spielerisch die ersten physikalischen Grundlagen. Diese Phase ist zu Beginn des 2. Lebensjahres besonders stark ausgeprägt. Zuerst beginnen Kinder, Dinge aneinanderzubauen; erst mit 2 ½ Jahren wird dann sowohl horizontal als auch vertikal gebaut. Dreidimensional bauen Kinder ab einem Alter von 3 Jahren. Grundsätzlich kann gesagt werden, dass das mathematische Verständnis der Kinder am meisten durch diese Bautätigkeiten geprägt wird.

Das mathematische Material unserer Tablotts dient dem Vergleich von Größen, Formen und Mengen und hilft Kindern ab 2 ¾ Jahren, das Bedürfnis nach Abzählen und Aufteilen zu befriedigen. Dadurch wird der Aufbau von Denk- und Ordnungsstrukturen ermöglicht.

Lebenspraktische Übungen

Schon Säuglinge ahmen die Mimik ihrer Bezugspersonen nach, aber erst im Laufe des zweiten Lebensjahres nimmt das Nachahmen immer größeren Raum ein. Unsere Kinder lernen zu einem großen Teil durch Nachahmung. In „So tun als ob"-Spielen (Rollenspielen) bauen sie automatisch lebenspraktische Übungen ein. So kochen sie zum Beispiel in der Kinderküche oder decken den Tisch. Durch unser Fördermaterial sollen die Kinder solche realen Alltagserfahrungen gezielt lernen.

Grobe Übersicht des frühkindlichen Entwicklungsverlaufs

6 Monate	• Farbwahrnehmung ab der Geburt • Auge-Hand-Koordination wird trainiert: taktiles Erkunden • Kinder untersuchen Gegenstände mit dem Mund: orales Erkunden • Sobald Gegenstände ergriffen werden können, erkunden Kinder Gegenstände aktiv auditiv.
9 Monate	• Objektpermanenz: Das Wissen, dass Dinge noch da sind, obwohl man sie gerade nicht sieht, wird erworben. • Versteck- und Suchspiele mit Gegenständen
1 Jahr	• Ursache-Wirkungs-Prinzip wird erkannt • Gegenstände aus Behältern nehmen und sie zurücklegen • „Öffnen-und-Schließen-Spiel“
1 ½ Jahre	• einfaches Rollenspiel, das Kind spielt noch allein: kochen, Puppe ins Bett legen … • Farben sortieren, ohne sie zu benennen • bewegliches Spielzeug hinter sich herziehen
2 Jahre	• visuelles Erkunden tritt in den Vordergrund • Beschäftigung mit Sprachmaterial • Gegenstände nach Form und Farbe sortieren • verschiedene Formen ins Formenbrett legen
2 ½ Jahre	• horizontales und vertikales Bauen • Figuren aus Knete formen • komplexere Formen ins Formenbrett legen
2 ¾ Jahre	• Beschäftigung mit mathematischem Spielmaterial
3 Jahre	• dreidimensionales Bauen • Rollenspiel mit anderen Kindern

Motorik

ab 9 Mon.

Passt der Ball in die Form?

Ziel: Auge-Hand-Koordination

Material:
1 Muffinbackform • so viele Igelbälle, wie Muffinmulden vorhanden sind • 1 Körbchen • 1 Tablett

Vorbereitung:
Die Igelbälle werden in das Körbchen gelegt und zusammen mit der Muffinbackform auf dem Tablett platziert.

Durchführung:
Die Kinder nehmen einen Igelball nach dem anderen in die Hand und legen ihn in ein Fach der Muffinbackform.

Motorik

ab 1 Jahr

Kastanienfresser

Ziel: Auge-Hand-Koordination

Material:
1 Tennisball • 1 Cuttermesser • Kleber • 2 Wackelaugen • Kastanien, Eicheln usw. • 1 Körbchen • 1 Tablett

Vorbereitung:
Mit dem Cuttermesser wird ein Schlitz als Mund in den Tennisball geschnitten. Anschließend werden die Wackelaugen aufgeklebt. Die Kastanien, Eicheln usw. werden in das Körbchen gelegt und dieses wird zusammen mit dem Tennisball auf das Tablett gestellt.

Durchführung:
Die Kinder stecken die Kastanien, Eicheln usw. durch den „Mund“ des Kastanienfressers. Dazu müssen sie den Tennisball mit einer Hand zusammendrücken und mit der anderen Hand die Kastanien hineinstecken. Dies trainiert die gesamte Handmuskulatur der Kinder, ist aber sehr schwer. Deshalb kann Hilfe von einem Erwachsenen erforderlich sein. Kinder ab 2 ¾ Jahren bewältigen diese Aufgabe allein.

Motorik

Schlange an- und ausziehen

ab 1 Jahr

Ziel: Auge-Hand-Koordination

Material:
Filz (60 x 10 cm) • 4 leere Toilettenpapierrollen • Wasserfarbe oder Wachsmalstifte • 1 Schere • 2 Wackelaugen • 1 Heißklebepistole • 1 Körbchen • 1 Tablett

Vorbereitung:
Der Körper der Schlange besteht aus eingeschlagenem und zusammengeklebtem Filz (ca. 5 cm breit). Der Kopf der Schlange wird aus einer halbierten und bemalten Toilettenpapierrolle hergestellt, die mit der Schere an einem Ende abgerundet und eingeschnitten wird, sodass ein „Mund“ entsteht. Der Kopf wird fest mit dem Filzkörper verklebt und auch die Wackelaugen werden aufgeklebt. Die anderen fünf Toilettenpapierrollen werden ebenfalls bemalt, halbiert und in das Körbchen gelegt.

Durchführung:
Die jüngeren Kinder ziehen die Schlange aus. Sie ziehen dazu die Toilettenpapierrollen vom Filzkörper ab und legen sie in das Körbchen.
Kinder ab 1 ¾ Jahren fädeln die Toilettenpapierrollen auf die Filzschlange.

Motorik

Pompon-Flaschen

ab 1 Jahr

Ziel: Auge-Hand-Koordination

Material:
2 PET-Flaschen • Washi Tape • 1 Schere • einige Pompons • 1 Schale oder kleine Kiste • 1 Tablett

Vorbereitung:
Die oberen Hälften der PET-Flaschen werden abgeschnitten und deren Ränder mit Washi Tape umklebt, damit sich die Kinder nicht an den scharfen Kanten verletzen. Der untere Teil der Flaschen kann statt der hier abgebildeten Kiste zur Aufbewahrung der Pompons dienen, nachdem die Ränder ebenfalls mit Washi Tape umklebt wurden. Die Pompons werden in die Schale oder Kiste gelegt und diese wird zusammen mit den Flaschen auf das Tablett gestellt.

Durchführung:
Die Kinder drehen die Flaschendeckel ab und stecken die Pompons in die Flaschen.
Die Deckel der Flaschen zu öffnen, kann auch dem Förderbereich „Lebenspraktische Übungen“ zugeordnet werden.

Motorik

Tischtennisball schöpfen

ab 1 Jahr

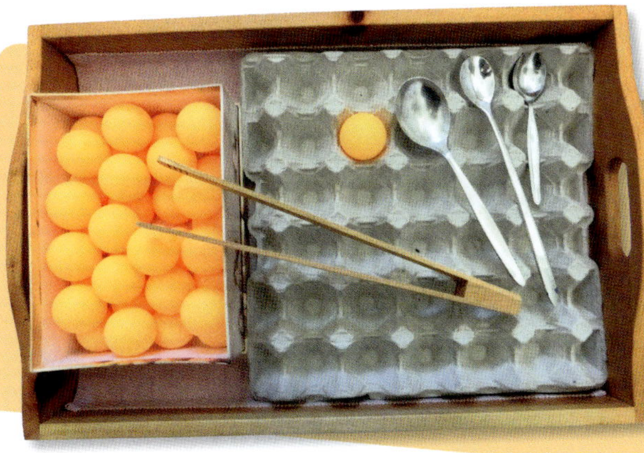

Ziel: Auge-Hand-Koordination

Material:
1 großer, offener Eierkarton • Löffel in verschiedenen Größen • 1 Zange, z. B. aus Holz • mehrere Tischtennisbälle • 1 Schachtel • 1 Tablett

Vorbereitung:
Die Tischtennisbälle werden in die Schachtel gelegt, die zusammen mit den weiteren Materialien auf dem Tablett platziert wird.

Durchführung:
Jüngere Kinder nehmen die Tischtennisbälle mit den Händen auf und füllen sie in den Eierkarton. Kinder ab 1 ¼ Jahren nehmen die Tischtennisbälle mit den verschiedenen Hilfsmitteln auf und füllen sie in den Eierkarton.

Motorik

Kastanien umfüllen

ab 9 Mon.

Ziel: Auge-Hand-Koordination

Material:
1 leere Toilettenpapierrolle • 1 kleines Stück fester Tonkarton als Standfuß • Kastanien • Klebefolie und / oder Washi Tape • 1 Körbchen • 1 Heißklebepistole • ggf. 1 Esslöffel und / oder 1 Grillzange • 1 Tablett

Vorbereitung:
Die Toilettenpapierrolle wird mit der Heißklebepistole auf die Pappe geklebt und mit Klebefolie oder Washi Tape verziert. Die Kastanien werden in das Körbchen gelegt und die Materialien auf dem Tablett platziert.

Achtung: Bitte denken Sie daran, dass 9 Monate alte Kinder die Kastanien in den Mund nehmen werden. Prüfen Sie diese daher bitte vorher durch einen Kleinteile-Tester.

Durchführung:
Die Kinder füllen die Kastanien in die Toilettenpapierrolle. Wenn die Rolle voll ist, kann der Inhalt zurück in das Körbchen geschüttet werden.
Kinder ab 1 Jahr können einen Esslöffel, Kinder ab 1 ½ Jahren eine Grillzange zu Hilfe nehmen. Diese Übung kann auch dem Bereich „Lebenspraktische Übungen“ zugeordnet werden.

ab 1 1/4 Jahren

Trinkpäckchen-Steck

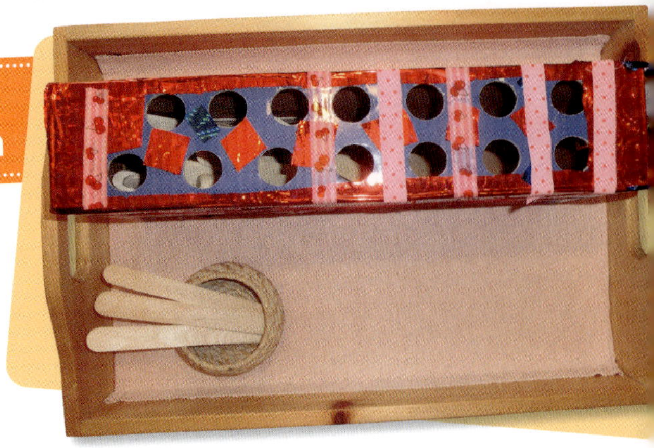

Ziel: Auge-Hand-Koordination

Material:
1 Trinkpäckchen-Karton • mehrere Bastelhölzer • Klebefolie • ggf. 1 Schere • 1 Gefäß für die Bastelhölzer • 1 Tablett

Vorbereitung:
Mit der Klebefolie wird der Trinkpäckchen-Karton verschönert. Falls nicht schon Löcher in der Verpackung vorhanden sind, müssen diese noch mit der Schere hineingeschnitten werden. Die Bastelstäbchen werden in das Gefäß gestellt und die Materialien auf dem Tablett platziert.

Durchführung:
Die Kinder stecken die Bastelhölzer in die Öffnungen des Trinkpäckchen-Kartons.

ab 1 1/2 Jahren

Kugel-Steck

Ziel: Auge-Hand-Koordination

Material:
1 Rundstab • Gips • 1 Joghurtbecher • etwas Wasser • große Perlen zum Auffädeln, die auf den Rundstab passen • 1 Körbchen • 1 Tablett

Vorbereitung:
Der Gips wird im Joghurtbecher mit Wasser angerührt und der Stab hineingesteckt. So hat er einen festen Stand. Die Perlen werden in das Körbchen gelegt und zusammen mit dem Rundstab auf dem Tablett platziert.

Durchführung:
Die Kinder stecken die Perlen auf die Rundstäbe. Zur Förderung der Farbwahrnehmung können die einzelnen Farben von den Kindern benannt werden. Es ist auch möglich, beispielsweise Perlen in nur einer Farbe anzubieten, sodass die Kinder sich nur mit dieser auseinandersetzen.

Motorik

Papilotten zusammenstecken

ab 1 1/2 Jahren

Ziel: Auge-Hand-Koordination

Material:
mehrere Papilotten in Schlüsselform (mit einem Loch an einem Ende) • 2 Schälchen oder Körbchen • 1 Tablett

Vorbereitung:
Die Papilotten werden in eines der Schälchen auf das Tablett gelegt, das zweite leere Schälchen wird danebengestellt.

Durchführung:
Die Kinder stecken die schmalen Enden der Papilotten in das Loch. Die „fertigen“ Papilotten werden in das zweite Schälchen gelegt.

Motorik

Wattestäbchen-Steck

ab 1 1/2 Jahren

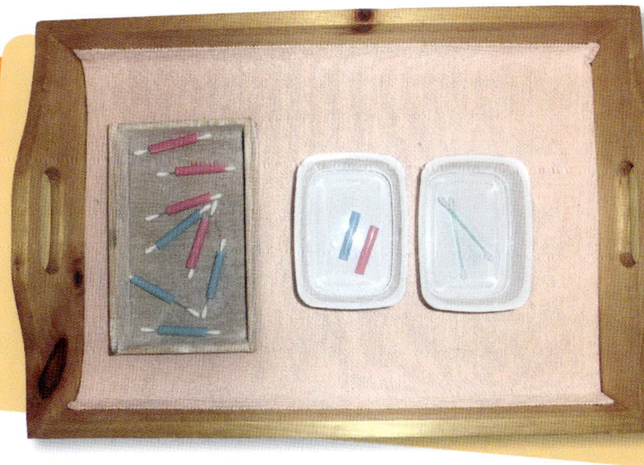

Ziel: Auge-Hand-Koordination

Material:
einige Wattestäbchen • einige dicke Cocktailröhrchen (Strohhalme) • 1 Schere • 2 Schälchen • 1 Kästchen • 1 Tablett

Vorbereitung:
Die Cocktailröhrchen werden in Stücke geschnitten, die etwas kürzer als die Wattestäbchen sind. In ein Schälchen werden die Wattestäbchen gelegt, in das andere die Cocktailröhrchen. Das leere Kästchen und die Schälchen werden auf dem Tablett platziert.

Durchführung:
Die Kinder stecken die Wattestäbchen in die Cocktailröhrchen. Die „fertigen“ Röhrchen werden in das Kästchen gelegt.

Motorik

Murmeln auf den Fisch

ab 1 ¾ Jahren

Ziel: Auge-Hand-Koordination

Material:
1 Rutschstopper für die Badewanne in Fischform • einige Murmeln • 1 Körbchen • ggf. 1 mit Linsen gefülltes Schälchen und 1 Pinzette • ggf. 1 mit Wasser gefülltes Schälchen und 1 Pipette • 1 Tablett

Vorbereitung:
Die Murmeln werden in das Körbchen gelegt, das zusammen mit dem Rutschstopper auf dem Tablett platziert wird.

Durchführung:
Die Kinder legen die Murmeln einzeln in die Mulden des Rutschstoppers.
Kinder ab 2 Jahren können auch mit einer Pinzette arbeiten und Linsen in die Mulden legen oder Wasser in die Mulde pipettieren.

Motorik

Tannenbaum schmücken

ab 1 ¾ Jahren

Ziel: Auge-Hand-Koordination

Material:
1 Bastelholz • mehrere grüne Pfeifenputzer • Perlen zum Auffädeln • 1 Dekostern • 1 Schere • 1 Körbchen • 1 Heißklebepistole • 1 Tablett

Vorbereitung:
Die Pfeifenputzer dienen als Äste und werden um das Bastelholz gewickelt. Sie werden mit der Heißklebepistole festgeklebt. Die „Äste" werden so gekürzt, dass ein Tannenbaum entsteht. Mit der Heißklebepistole wird der Dekostern an das obere Ende des Tannenbaums geklebt. Die Perlen werden in das Körbchen gelegt und zusammen mit dem Tannenbaum auf dem Tablett platziert.

Durchführung:
Die Kinder schmücken den Tannenbaum, indem sie die Perlen auf die Pfeifenputzer fädeln.

Deckel angeln

ab 9 Mon.

Ziel: Pinzettengriff

Material:
mehrere Deckel von Schraubgläsern • 1 Magnet • Klebefolie oder dicke, wasserfeste Filzstifte • 1 Körbchen • 1 Tablett

Vorbereitung:
Die Deckel werden mit der Klebefolie oder dem Filzstift dekoriert. Der Magnet wird in das Körbchen gelegt, das auf das Tablett gestellt wird. Die Deckel werden auf das Tablett gelegt.
Achtung: Bitte denken Sie bei der Herstellung des Materials daran, dass 9 Monate alte Kinder das Material in den Mund nehmen. Die Filzstifte sollten also nicht abfärben.

Durchführung:
Die Kinder angeln die Deckel mit ihrem Magneten vom Tablett in das Körbchen.

Motorik

Magnetflaschen

ab 1 Jahr

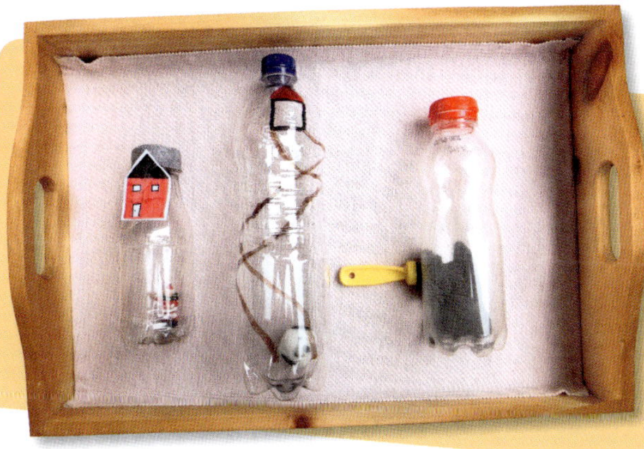

Ziel: Pinzettengriff

Material:
3 leere PET-Flaschen • Eisenspäne, Glöckchen, kleine Figuren, die magnetisch angezogen werden können • 1 Heißklebepistole • 1 Magnet • 1 Bogen Papier in DIN A4 • Filzstifte • Laminiergerät und -folie • 1 Schere • 1 Tablett

Vorbereitung:
Eine der Getränkeflaschen wird mit Eisenspänen oder Glöckchen gefüllt, die anderen beiden mit kleinen Figuren. Sie werden anschließend mit der Heißklebepistole verschlossen. Mit den Filzstiften werden zwei Häuser auf das Papier gezeichnet. Diese werden ausgeschnitten, laminiert und auf die Flaschen mit den Figuren geklebt. Die Häuser können auch direkt auf die Flaschen gemalt werden. Die Flaschen und der Magnet werden auf das Tablett gelegt.

Durchführung:
Die jüngeren Kinder fahren mit einem Stabmagneten die Flasche mit den Eisenspänen oder Glöckchen entlang. Die angezogenen Eisenspäne bilden immer wieder neue, bizarre Gebilde. Kinder ab 2 Jahren arbeiten mit den Flaschen, die mit Figuren gefüllt und mit einem Haus beklebt sind. Die Figuren werden mit Hilfe des Magneten „nach Hause“ geführt.

Motorik

Fische angeln

ab 1 Jahr

Ziel: Pinzettengriff

Material:
Laminiergerät und -folie • einige Bögen farbiger Tonkarton • große Büroklammern • mehrere Wackelaugen • 1 Schere • Kleber • 1 Magnet • 1 Lochzange • 1 Bleistift • 1 Körbchen • 1 Tablett

Vorbereitung:
Mit dem Bleistift werden die Umrisse von Fischen auf den Tonkarton gezeichnet. Die Fische werden ausgeschnitten, ggf. mit Schuppen aus andersfarbigem Karton verziert und laminiert. Anschließend werden die Wackelaugen aufgeklebt und mit der Lochzange wird je ein kleines Loch in die Fische gestanzt. Dann werden die Büroklammern an die Fische gesteckt. Die Fische werden auf dem Tablett verteilt und der Magnet in das Körbchen gelegt, das auf das Tablett gestellt wird.

Durchführung:
Die Kinder angeln mit dem Magneten die Fische aus dem „Meer“ in das Körbchen. So machen sie erste physikalische Erfahrungen mit Magneten.

Motorik

Schachtel-Steck

ab 1 Jahr

Ziel: Pinzettengriff

Material:
einige unterschiedliche Dosen, zum Beispiel Margarinedosen • 1 Cuttermesser • Klebefolie oder Washi Tape • große Knöpfe • 1 Körbchen • 1 Tablett

Vorbereitung:
Mit dem Cuttermesser werden Schlitze in die Oberseite der Dosen geschnitten. Anschließend werden die Dosen mit Klebefolie verziert. Die Knöpfe werden in das Körbchen gelegt und zusammen mit den Dosen auf dem Tablett platziert.

Durchführung:
Die Kinder stecken die Knöpfe in die Dosen. Um die Knöpfe wieder aus der Dose herauszuholen, muss diese geöffnet werden. Dies kann dem Förderbereich „Lebenspraktische Übungen“ zugeordnet werden.

Das verlorene Küken

ab 1 1/4 Jahren

Ziel: Pinzettengriff

Material:
kleine Pompon-Küken • einige Joghurtbecher • Ostergras • 1 Pinzette • 1 Körbchen • 1 Tablett

Vorbereitung:
Die Joghurtbecher werden mit dem Ostergras befüllt und auf das Tablett gestellt. Die Küken werden in das Körbchen gelegt und ebenfalls auf das Tablett gestellt.

Durchführung:
Die Kinder nehmen mit der Pinzette je ein Küken aus dem Körbchen auf und setzen es zurück in sein „Nest“, also in einen Joghurtbecher.

Salzteigperlen auffädeln

ab 1 1/4 Jahren

Ziel: Pinzettengriff

Material:
Salzteig • Wasserfarben und Pinsel • Wasserbehälter • 1 Pfeifenputzer • 1 Körbchen • Modellierstäbe • ggf. Ausstechformen • 1 Tablett

Vorbereitung:
Aus dem Salzteig werden Salzteigperlen hergestellt. Dazu können Modellierstäbe und Ausstechformen genutzt werden. Sie sollten mit einem Loch in der Mitte versehen werden. Das Loch sollte groß genug sein, um die Perle über einen Pfeifenputzer ziehen zu können. Nach dem Trocknen oder Backen werden die Perlen mit Wasserfarben bemalt und in das Körbchen gelegt, das zusammen mit dem Pfeifenputzer auf das Tablett gestellt wird.

Durchführung:
Nun können die Salzteigperlen auf den Pfeifenputzer aufgefädelt werden.
Das Kind kann den Pfeifenputzer nach der Arbeit als Kette um den Hals tragen und diese erst auf das Tablett zurücklegen, wenn es sie nicht mehr tragen möchte.

Blumen-Schwamm-Steck

ab 1 ¼ Jahren

Ziel: Pinzettengriff

Material:
1 Essstäbchen • 1 Deckel von einem Einmachglas • mehrere Putzschwämme mit einem Loch in der Mitte • 1 Handbohrer • 1 Heißklebepistole • 1 Schälchen • 1 Tablett

Vorbereitung:
Mit dem Handbohrer wird ein kleines Loch in den Deckel gebohrt. Das Essstäbchen wird hindurchgesteckt und mit dem Heißkleber fixiert. Die Putzschwämme werden in das Schälchen gelegt und zusammen mit dem Stab auf das Tablett gestellt.

Durchführung:
Die Kinder nehmen die Putzschwämme mit dem Pinzettengriff auf. Dann wird der Schwamm in beide Hände genommen, um ihn auf den Stab zu stecken.

Motorik

Haargummi-Rolle

ab 1 ¼ Jahren

Ziel: Pinzettengriff

Material:
1 leere Toilettenpapierrolle • Klebefolie • 1 Bierdeckel • Haargummis • Haarnadeln • 1 Heißklebepistole • 2 Körbchen • 1 Tablett

Vorbereitung:
Die Toilettenpapierrolle und der Bierdeckel werden mit der Klebefolie verziert. Dann wird die Rolle mit der Heißklebepistole auf den Bierdeckel geklebt. Die Haarnadeln und Haargummis werden in je ein Körbchen gelegt und zusammen mit der Toilettenpapierrolle auf das Tablett gestellt.

Durchführung:
Die Kinder spannen die Haargummis über die Toilettenpapierrolle und schieben die Haarnadeln auf den Rand der Rolle.

Wäscheleine bestücken

ab 1 ¼ Jahren

Ziel: Pinzettengriff

Material:
1 Stück Wäscheleine (ca. 40 cm lang) • mehrere Kunststoffdeckel von Trinkflaschen • 1 Handbohrer • einige Trinkhalme • 1 Schere • 1 Körbchen • 1 Tablett

Vorbereitung:
Mit dem Handbohrer werden Löcher in die Kunststoffdeckel gebohrt. Die Trinkhalme werden in je drei bis vier Stücke geschnitten. Die Deckel und Trinkhalme werden in das Körbchen gelegt und zusammen mit der Wäscheleine auf dem Tablett platziert.

Durchführung:
Die Kinder fädeln die unterschiedlichen Materialien auf die Wäscheleine auf.

Vorsicht: Manchmal muss der innere Draht der Wäscheleine nachgeschnitten werden, damit sich die Kinder nicht verletzen können.

Pompon-Steck

ab 1 ¼ Jahren

Ziel: Pinzettengriff

Material:
einige Dosen, z. B. von Streichkäse oder Katzenleckerlis • Pompons • 1 Schere • Klebefolie • 1 Körbchen • 1 Tablett

Vorbereitung:
In die Margarinedosen werden runde Öffnungen geschnitten.
Sie sollten so groß sein, dass die Pompons hindurchpassen. Die Dosen werden mit der Klebefolie verziert. Anschließend werden die Pompons in das Körbchen und zusammen mit den Dosen auf das Tablett gelegt.

Durchführung:
Die Kinder stecken die Pompons durch die Löcher in die Dose. Um die Pompons wieder herauszuholen, müssen die Kinder die Deckel öffnen. Dies kann dem Förderbereich „Übungen des praktischen Lebens“ zugeordnet werden.

Motorik

ab 2 Jahren

Schneemann-Glas

Ziel: Pinzettengriff

Material:
1 Baby- oder Einmachgläschen • etwas Watte • 1 Wäscheklammer • 2 Wackelaugen • Kleber • 1 roter Pompon • schwarze Punkte-Aufkleber • schwarzes Moosgummi • 1 Schere • 1 Kugelschreiber • 1 Heißklebepistole • 1 Körbchen • 1 Tablett

Vorbereitung:
Die Wackelaugen werden auf das Glas geklebt, darunter wird mit der Heißklebepistole der Pompon als Nase befestigt. Die schwarzen Punkte-Aufkleber werden als Mund unter die Nase geklebt. Mit dem Kugelschreiber wird ein Hut auf das Moosgummi gezeichnet. Der Hut wird ausgeschnitten und mit der Heißklebepistole am oberen Rand des Glases befestigt. Die Watte wird in kleine Stücke gezupft und mit der Wäscheklammer in das Körbchen gelegt. Dieses wird zusammen mit dem Schneemann-Glas auf das Tablett gestellt.

Durchführung:
Mit der Wäscheklammer nehmen die Kinder Wattestückchen aus dem Körbchen und befüllen damit das Glas.

Motorik

ab 2 Jahren

Pipettieren

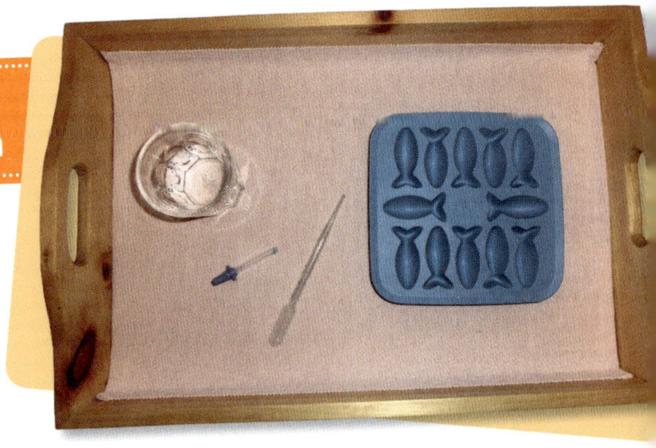

Ziel: Pinzettengriff

Material:
1 Glas Wasser • verschiedene Pipetten • 1 Eiswürfelform • 1 Aufwischtuch • 1 Tablett

Vorbereitung:
Die Gegenstände werden auf das Tablett gelegt.

Durchführung:
Die Kinder befüllen die Eiswürfelform mit Hilfe der Pipetten mit Wasser. Wenn alle Mulden mit Wasser gefüllt sind, können die Kinder das Wasser mit der Pipette den einzelnen Kammern wieder entnehmen und es zurück ins Glas füllen.
Am Ende der Arbeit wird das Tablett mit Hilfe des Aufwischtuchs gesäubert. Dieser Arbeitsschritt kann auch den „Lebenspraktische Übungen“ zugeordnet werden.

Visuelle Wahrnehmung

Welcher Gegenstand passst?

ab 1 ¾ Jahren

Ziel: Formwahrnehmung

Material:
1 Bogen Tonkarton in DIN A4 • verschiedene Gegenstände (z. B. Deckel, Baustein, Glasnugget …) • 1 dünner schwarzer Filzstift • Laminiergerät und -folie • 1 Körbchen • 1 Tablett

Vorbereitung:
Die verschiedenen Gegenstände werden zunächst als Schablonen verwendet und auf dem Tonkarton mit dem schwarzen Stift umrandet. Danach wird der Tonkarton laminiert. Die Gegenstände werden in das Körbchen gelegt und zusammen mit dem Tonkarton auf das Tablett gelegt.

Durchführung:
Die Kinder ordnen die Gegenstände den eingezeichneten Umrissen zu.

Visuelle Wahrnehmung

Tangram nachlegen

ab 2 Jahren

Ziel: Formwahrnehmung

Material:
1 Bogen weißer Tonkarton in DIN A4 • mehrere Bögen bunter Tonkarton in DIN A4 • 1 Körbchen • Laminiergerät und -folie • 1 Schere • 1 Bleistift • 1 Tablett

Vorbereitung:
Auf den bunten Tonkarton werden geometrische Formen (Kreis, Rechteck, Quader …) gemalt, die Bögen werden laminiert und die Formen ausgeschnitten. Nun wird auf dem weißen Tonkarton mit diesen Formen eine Figur gelegt und nachgezeichnet. Daraus kann beispielsweise eine Menschenfigur entstehen. Der Tonkarton wird ebenfalls laminiert. Die Formen werden in das Körbchen gelegt und dieses zusammen mit dem weißen Tonkarton auf dem Tablett platziert.

Durchführung:
Die Kinder nehmen die Grundformen aus dem Körbchen und legen die Figur auf dem Papier nach.

Visuelle Wahrnehmung

ab 2 1/4 Jahren

Magnetwanne

Ziel: Formwahrnehmung

Material:
1 Aktionswanne • 1 Magnet • Magnetband • mehrere Bögen farbiges Papier in DIN A4 • Laminiergerät und -folie • 1 Eierkarton • Kleber • 1 Schere • Spielsand (ca. 3 kg für eine 12-Liter-Wanne)

Vorbereitung:
Aus dem Papier werden mehrfach je zwei gleiche geometrische Formen in der gleichen Farbe ausgeschnitten und laminiert. Eine Form wird mit dem Magnetband versehen und kommt zusammen mit dem Sand in die Plastikwanne. Die andere Form wird in ein Fach des Eierkartons geklebt. Die Wanne wird mit Spielsand gefüllt.

Durchführung:
Die Kinder ziehen mit dem Magneten die geometrischen Figuren aus dem Sand und ordnen sie dem entsprechenden Fach im Eierkarton zu.

Visuelle Wahrnehmung

ab 2 1/2 Jahren

Türme nachbauen

Ziel: Formwahrnehmung

Material:
1 Kamera • Laminiergerät und -folie • bunte Bauklötze • 2 Körbchen • 1 Tablett

Vorbereitung:
Aus den Bauklötzen werden Türme gestapelt und abfotografiert. Die Fotos werden entwickelt oder ausgedruckt und laminiert. Die fertigen Bilder werden in ein Körbchen gelegt, die Bauklötze kommen in das andere Körbchen. Die Körbchen werden auf dem Tablett platziert.

Durchführung:
Die Kinder ziehen ein Foto aus dem Körbchen und bauen die abgebildeten Türme nach.

Visuelle Wahrnehmung

ab 2 ½ Jahren

Gummitwist

Ziel: Formwahrnehmung

Material:
1 kleines Stück Korkbrett (aus einer alten Pinnwand, einem Bodenstück o. Ä.) • Pinnnadeln • Haushaltsgummis • 1 Heißklebepistole • 1 Körbchen • 1 Tablett

Vorbereitung:
Die Pinnnadeln werden im Korkbrett in einem Kreis angeordnet und mit der Heißklebepistole fest fixiert. Dies ist sehr wichtig, damit die Kinder sich an den Nadelspitzen nicht verletzen können. Die Haushaltsgummis werden in das Körbchen gelegt und zusammen mit dem Korkbrett auf dem Tablett platziert.

Tipp: Dieses Material kann auch mit einem Brett, Nägeln und einem Hammer nachgebastelt werden.

Durchführung:
Die Kinder spannen die Gummis um die Nadeln. Die Gummis können zum Beispiel als geometrische Grundformen (Dreieck, Rechteck, Quadrat …) gespannt werden.

Visuelle Wahrnehmung

ab 2 ½ Jahren

Bauplan

Ziel: Formwahrnehmung

Material:
mehrere Bögen farbiges Papier in DIN A4 (die Farben sollten den Bausteinen entsprechen) • Bausteine in verschiedenen Farben • 1 dünner, schwarzer Filzstift • Laminiergerät und -folie • 1 Körbchen • 1 Tablett

Vorbereitung:
Aus den Bausteinen werden jeweils in einer Farbe Türme gebaut. Die Türme werden als Schablone genutzt und mit dem Filzstift auf dem farblich passenden Papier umrandet. Das Papier wird laminiert. Die Bausteine werden in das Körbchen gelegt und mit den Papierbögen auf dem Tablett platziert.

Durchführung:
Die Kinder suchen sich die zum Bild passenden Bausteine in der entsprechenden Farbe aus und bauen den Turm nach der Vorlage.

Visuelle Wahrnehmung

Formen legen

ab 2 3/4 Jahren

Ziel: Formwahrnehmung

Material:
bunte und weiße Papierbögen in DIN A4 • Laminiergerät und -folie • 1 Beistift • 1 Schere • 1 Körbchen • 1 Tablett

Vorbereitung:
Quadrate und Kreise werden in unterschiedlicher Größe auf das bunte Papier gemalt, ausgeschnitten und laminiert. Auf das weiße Papier werden die Formen jeweils als Reihe in auf- oder absteigender Reihenfolge aufgezeichnet und das Papier wird ebenfalls laminiert. Die ausgeschnittenen Formen werden in das Körbchen gelegt und zusammen mit dem weißen Papier auf dem Tablett platziert.

Durchführung:
Die Kinder legen die passenden Formen auf die Vorlage und überlegen, wie die Reihe weitergeht.

Visuelle Wahrnehmung

Steckschachtel

ab 9 Mon.

Ziel: Farbwahrnehmung

Material:
1 Schuhkarton • Klebefolie, Sticker usw. zum Verzieren • Pompons in verschiedenen Farben • 1 Schere • Acrylfarben und Pinsel • Wasserbehälter • 1 Körbchen • 1 Tablett

Vorbereitung:
In den Schuhkarton werden kleine, runde Öffnungen geschnitten. Die Öffnungen werden in den verschiedenen Farben der Pompons umrandet und der Karton wird mit Klebefolie und Stickern dekoriert. Die Pompons werden in das Körbchen gelegt und zusammen mit dem Schuhkarton auf das Tablett gestellt.

Durchführung:
Die jüngeren Kinder stecken die Pompons in die Öffnungen.
Ältere Kinder benennen die Farben der Pompons, bevor sie diese in die der Farbe entsprechenden Öffnungen stecken.

Visuelle Wahrnehmung

ab 1 Jahr

Keksordnung

Ziel: Farbwahrnehmung

Material:
1 Keksverpackung • Acrylfarben und Pinsel • Wasserbehälter • bunte Holzklötze in Rot, Gelb, Blau und Grün • 1 Körbchen • 1 Tablett

Vorbereitung:
Die einzelnen Kammern der Keksverpackung werden in den Grundfarben bemalt. Die Holzklötze werden in das Körbchen und die Gegenstände auf das Tablett gelegt.

Durchführung:
Die jüngeren Kinder nehmen einen Holzklotz aus dem Körbchen und legen ihn in eine Kammer der Keksverpackung. Kinder ab 1 ½ Jahren ordnen die Klötze den passenden Farben in der Keksverpackung zu.

Visuelle Wahrnehmung

ab 1 ½ Jahren

Knopf-Muffins

Ziel: Farbwahrnehmung

Material:
1 Muffinbackform • Muffinpapierhüllen in verschiedenen Farben • Kleber • Knöpfe in den Farben der Muffinpapierhüllen • 1 Schälchen • 1 Tablett

Vorbereitung:
In jedes Feld der Muffinbackform wird eine farbige Muffinpapierhülle gesetzt und mit Kleber fixiert. Die Knöpfe werden in das Schälchen gelegt und die Gegenstände werden auf dem Tablett platziert.

Durchführung:
Die Kinder ordnen die Knöpfe den farblich passenden Hüllen zu.

Visuelle Wahrnehmung

ab 1 1/2 Jahren

Perlen sortieren

Ziel: Farbwahrnehmung

Material:
4 Pinselschälchen in unterschiedlichen Farben • Perlen, Glasnuggets, Federn o. Ä. in den Farben der Pinselschälchen • 1 Körbchen • 1 Tablett

Vorbereitung:
Das Körbchen mit den Perlen, Glasnuggets und Federn wird zusammen mit den Pinselschälchen auf das Tablett gestellt.

Durchführung:
Die Kinder sortieren das Spielmaterial nach Farbe den richtigen Pinselschälchen zu.

Visuelle Wahrnehmung

ab 1 1/2 Jahren

Welche Farbe ist es?

Ziel: Farbwahrnehmung

Material:
1 Eierkarton • Wasserfarben und Pinsel • Wasserbehälter • verschiedene Gegenstände, z. B. bunte Bausteine, Pompons o. Ä. in den Grundfarben • 1 Körbchen • evtl. Zangen • 1 Schere • 1 Tablett

Vorbereitung:
Der Deckel des Eierkartons wird abgetrennt. Die Eierkartonfächer werden in den Grundfarben bemalt. Die Gegenstände werden in das Körbchen gelegt und zusammen mit dem Eierkarton auf dem Tablett platziert.

Durchführung:
Die Kinder nehmen einen Gegenstand aus dem Körbchen und benennen diesen und seine Farbe. Das Spielmaterial wird der Farbe entsprechend in den Eierkarton sortiert. Schwieriger ist diese Übung, wenn die Kinder das Material mit einer Zange transportieren.

Visuelle Wahrnehmung

ab 1 3/4 Jahren

Farbkreis

Ziel: Farbwahrnehmung

Material:
1 runder Bierdeckel • große, weiße Klebepunkte • Filzstifte in den Farben Blau, Grün, Gelb, Rot, Orange, Lila • Wäscheklammern in den entsprechenden Farben • 1 Körbchen • 1 Tablett

Vorbereitung:
Die Klebepunkte werden mit den Filzstiften bemalt und in regelmäßigen Abständen auf den Bierdeckel geklebt. Die Wäscheklammern werden in das Körbchen gelegt und alles wird auf dem Tablett platziert.

Durchführung:
Die Kinder klemmen die Wäscheklammern an das entsprechende Farbfeld des Farbkreises. Jüngere Kinder dürfen die Wäscheklammern auch auf das Farbfeld legen.

Visuelle Wahrnehmung

ab 1 3/4 Jahren

Perlen auffädeln

Ziel: Farbwahrnehmung

Material:
weißer Tonkarton in DIN A4 • Farbpunkte in den Grundfarben • 1 Pfeifenputzer • Perlen in den Grundfarben • 1 Schere • 3 Körbchen • 1 Tablett

Vorbereitung:
Aus dem Tonkarton werden kleine Vierecke ausgeschnitten (ca. 6 x 6 cm). Die verschiedenen Farbpunkte werden auf die Karten geklebt. Es kann auch mehrere Karten mit den gleichen Farbpunkten geben. Die Perlen werden in das Körbchen und die Karten verdeckt auf das Tablett gelegt. Auch der Pfeifenputzer und das zweite Körbchen werden auf das Tablett gelegt.

Durchführung:
Die Kinder ziehen eine der verdeckten Karten, benennen die Farbe und fädeln eine Perle dieser Farbe auf den Pfeifenputzer. Die Karte wird in das leere Körbchen gelegt.

Visuelle Wahrnehmung

Federn sortieren

ab 1 3/4 Jahren

Ziel: Farbwahrnehmung

Material:
4 Materialschälchen in verschiedenen Farben • Federn in den Farben der Schälchen • Wäscheklammer oder kleine Grillzange • 1 Körbchen • 1 Tablett

Vorbereitung:
Die Federn werden in das Körbchen und zusammen mit den übrigen Materialien auf das Tablett gelegt.

Durchführung:
Die Kinder nehmen die Federn mit Hilfe der Wäscheklammer oder der Grillzange auf und ordnen sie in die gleichfarbige Materialschale ein.

Visuelle Wahrnehmung

Pompon-Farbtransport

ab 1 1/2 Jahren

Ziel: Farbwahrnehmung

Material:
4 Pommesschälchen • 4 Pinzetten in den Farben Gelb, Blau, Rot und Grün • Wasserfarben und Pinsel • Wasserbehälter • Pompons in den o. g. Farben • 1 Körbchen • 1 Tablett

Vorbereitung:
Die Pommesschälchen werden in den Grundfarben bemalt. Die Pinzetten werden zum jeweils farblich passenden Schälchen und die Pompons in das Körbchen gelegt.
Die Materialien werden auf dem Tablett platziert.

Durchführung:
Jüngere Kinder sortieren die Pompons den Farben entsprechend in die Pommesschalen. Kinder ab 2 Jahren entnehmen zuerst mit der gelben Pinzette die gelben Pompons und legen diese in die gelbe Schale. Danach werden die anderen Farben entsprechend einsortiert.

Visuelle Wahrnehmung

ab 1 1/2 Jahren

Blattläuse

Ziel: Farbwahrnehmung

Material:
einige Kronkorken • große, bunte Klebepunkte • 1 Bogen grüner Tonkarton in DIN A4 • 1 Bleistift • Laminiergerät und -folie • 1 Schere • 1 Körbchen • 1 Tablett

Vorbereitung:
Auf den grünen Tonkarton wird mit dem Bleistift ein Blatt gemalt. Die Farbpunkte werden auf das Blatt geklebt und dieses wird anschließend laminiert und ausgeschnitten. Die Kronkorken werden ebenfalls mit den Farbpunkten beklebt, sie werden in das Körbchen gelegt und zusammen mit dem Blatt auf dem Tablett platziert.

Durchführung:
Die Kinder ziehen einen Kronkorken aus dem Körbchen und benennen seine Farbe. Nun ordnen sie die Kronkorken den passenden Punkten auf dem Blatt zu und legen sie darauf.

Visuelle Wahrnehmung

ab 2 1/2 Jahren

Dosen-Steck

Ziel: Farbwahrnehmung

Material:
1 leere Konservendose • mehrere Schaschlikspieße • 1 Bierdeckel • Filzstifte in verschiedenen Farben • 1 Schere • Washi Tape • 1 Körbchen • 1 Tablett

Vorbereitung:
Mit der Schere werden kleine Löcher in den Bierdeckel gestochen. Dieser wird mit Hilfe des Washi Tapes auf der Konservendose festgeklebt. Je ein Spieß und ein Loch im Bierdeckel werden mit dem gleichen Filzstift farbig markiert. Die Spieße werden in das Körbchen gelegt und mit der Konservendose auf das Tablett gestellt.

Durchführung:
Die Kinder ziehen einen Spieß aus dem Körbchen und benennen die Farbe. Nun stecken sie den Spieß in das farblich passende Loch.

Auditive Wahrnehmung

ab 1 1/4 Jahren

Karten-Steck

Ziel: Sprachverständnis

Material:
Joghurteimer (1000 g) oder 1 kleiner Karton • Tier-Quartett oder Schnipp-Schnapp-Karten • 1 Cuttermesser • Klebefolie oder Sticker • 1 Körbchen • 1 Tablett

Vorbereitung:
In den Deckel des Joghurteimers oder Kartons wird mit dem Cuttermesser ein Schlitz geschnitten. Dieser sollte so groß sein, dass die Karten hindurchpassen. Der Joghurteimer bzw. der Karton kann mit der Klebefolie oder Stickern verschönert werden. Die Karten werden in das Körbchen gelegt und dieses wird zusammen mit dem Joghurteimer bzw. dem Karton auf dem Tablett platziert.

Durchführung:
Jüngere Kinder ab 1 ¼ Jahren stecken die Karten ohne Benennung in den Eimer bzw. Karton. Ältere Kinder greifen eine Karte aus dem Körbchen. Sie benennen das abgebildete Tier und stecken nun die Karten durch den Schlitz.

Auditive Wahrnehmung

ab 1 3/4 Jahren

Filztanne

Ziel: Sprachverständnis

Material:
grüner Filz (ca. 30 x 30 cm) • 1 Schere • 1 schwarzer Filzstift • kleine Kugeln, Sterne o. Ä. als Tannenbaumschmuck • einige Schälchen • 1 Tablett

Vorbereitung:
Mit dem Stift werden die Umrisse einer Tanne auf den Filz gemalt und die Tanne wird anschließend ausgeschnitten. Der „Tannenbaumschmuck“ wird in die Schälchen gelegt und mit der Tanne auf dem Tablett platziert.

Durchführung:
Die Kinder schmücken den Baum nach Anleitung des Erwachsenen, zum Beispiel so: „Zuerst kommt ein Stern an die Spitze des Baums. Nun wird der Baum mit einer roten Kugel geschmückt.“
Jüngere Kinder ab 1 ¾ Jahren können den Baum ohne Anleitung schmücken und trainieren damit die Auge-Hand-Koordination.

Auditive Wahrnehmung

Erzählsäckchen

ab 2 1/2 Jahren

Ziel: Sprachverständnis

Material:
1 kleines Stoffsäckchen • mehrere flache Kieselsteine • Filzstifte • 1 Bogen Papier in DIN A4 • Laminiergerät und -folie • 1 Tablett

Vorbereitung:
Auf die Steine werden einzelne Motive gemalt (Blume, Haus, Kind, Sonne …). Auf das Papier werden die gleichen Motive noch einmal gemalt. Das Papier wird laminiert. Die Materialien werden in das Säckchen gelegt, das zusammen mit dem laminierten Papier auf dem Tablett platziert wird.

Durchführung:
Die Kinder ziehen die Steine einzeln aus dem Säckchen, benennen die Motive und ordnen sie den entsprechenden Zeichnungen auf der Folie zu.

Varianten:
- Die Kinder erfinden eine Geschichte zu den Motiven und bringen die Steine in eine der Geschichte entsprechende Reihenfolge.
- Der Erwachsene erzählt eine Geschichte und die Kinder legen die Steine passend dazu in eine Reihe.

Auditive Wahrnehmung

Tierpaare suchen

ab 2 1/2 Jahren

Ziel: Sprachverständnis

Material:
1 kleines Stoffsäckchen • verschiedene Gummitiere (möglichst jeweils ein großes und ein kleines Tier) • 1 Tablett

Vorbereitung:
Die Gummitiere werden in das Säckchen und dieses wird auf das Tablett gelegt.

Durchführung:
Die Kinder dürfen jeweils ein Tier aus dem Säckchen ziehen. Das Tier wird benannt und die Kinder erzählen dazu, welches Geräusch das Tier macht. Anschließend können die Kinder die zueinander passenden Tierpaare finden.

Auditive Wahrnehmung

ab 2 1/2 Jahren

Sandwanne

Ziel: Sprachverständnis

Material:
1 Aktionswanne • Spielsand (ca. 3 kg für eine 12-L-Wanne) • Buchstabensuppe • Legebuchstaben • 1 kleines Sieb • 1 Schale

Vorbereitung:
Der Spielsand, die Legebuchstaben und die Buchstabensuppe werden in die Wanne gefüllt. Das Sieb und die Schale werden dazugelegt.

Durchführung:
Die Kinder sieben die Buchstaben aus der Wanne. Welche Buchstaben können sie benennen? Kann ein Kind mit den Buchstaben schon ein Wort, zum Beispiel seinen Namen, legen?

Auditive Wahrnehmung

ab 2 1/2 Jahren

Entdeckerflaschen

Ziel: Sprachverständnis

Material:
1 kleine, leere Plastikflasche • 1 Packung Reis • Lebensmittelfarbe • 1 Backblech mit Backpapier • Füllmaterial: kleine Figürchen, leere Schneckenhäuser, Muscheln …
(Das Material sollte durch den Flaschenhals passen.) • 1 Heißklebepistole • 1 Tablett

Vorbereitung:
Der Reis wird mit der Lebensmittelfarbe eingefärbt und über Nacht zum Trocknen auf einem Backblech ausgelegt. Das Füllmaterial wird anschließend zusammen mit dem Reis in die Flasche gefüllt. Damit das Füllmaterial innerhalb der Flasche Spielraum hat, darf die Flasche nicht bis oben befüllt werden. Der Deckel wird mit der Heißklebepistole verschlossen und die Flasche auf das Tablett gestellt.

Durchführung:
Die Kinder nehmen die Flasche in die Hand. Durch das Drehen der Flasche können sie die einzelnen Gegenstände entdecken und benennen.
Die Entdeckerflaschen lassen sich gut einsetzen, um neue Themen in die Gruppe einzuführen.

Auditive Wahrnehmung

Ein Gesicht legen

ab 2 3/4 Jahren

Ziel: Sprachverständnis

Material:
Laminiergerät und -folie • je 1 Bogen hautfarbenes und weißes Papier in DIN A4 • 1 Schere • 1 schwarzer und 1 roter Filzstift • Wolle (gelb, braun oder schwarz) • 1 Körbchen • 1 Tablett

Vorbereitung:
Mit den Filzstiften werden zwei Augen, zwei Ohren, eine Nase und ein Mund auf das weiße Papier gezeichnet, dieses wird laminiert und die Gesichtsteile werden ausgeschnitten. Auf das hautfarbene Papier wird eine Gesichtsform eingezeichnet, diese wird ebenfalls laminiert und ausgeschnitten. Aus der Wolle werden Fäden als Haare geschnitten. Diese werden zusammengelegt und in der Mitte mit einem weiteren Wollfaden miteinander verbunden. Aus kürzeren Wollfäden kann auch ein Pony gebastelt und an den Haaren befestigt werden. Die Haare, das Gesicht und die Gesichtsteile werden in das Körbchen gelegt und dieses wird auf das Tablett gestellt.

Durchführung:
Die Kinder nehmen einzelne Gesichtsteile aus dem Körbchen und benennen diese. Dann wird ein Gesicht gelegt. Eventuell können auch Gefühle benannt werden: Sieht dieser Mensch glücklich, traurig usw. aus?

Auditive Wahrnehmung

Fühlschlauch

ab 6 Mon.

Ziel: Auditive Aufmerksamkeit

Material:
1 Bratschlauch • 1 Schere • verschiedenes Füllmaterial (Federn, Glöckchen usw.) • Bänder

Vorbereitung:
Der Bratschlauch wird auf eine Länge von 30 cm gekürzt und mit dem Füllmaterial versehen. Dann wird der Bratschlauch aufgepustet, verknotet und mit Bändern dekoriert.

Durchführung:
Die Kinder erforschen das Spielmaterial.

Auditive Wahrnehmung

ab 6 Mon.

Schnurkette

Ziel: Auditive Aufmerksamkeit

Material:
einige Deckel von Schraubgläsern • 1 Handbohrer • 1 Schnur oder 1 Band • einige Holzperlen zum Auffädeln

Vorbereitung:
Die Deckel werden mit dem Handbohrer mittig durchbohrt und zusammen mit einigen Perlen auf eine Schnur gezogen. An ihren Enden wird die Schnur gut verknotet.

Durchführung:
Die Kinder erforschen das Spielmaterial.

Auditive Wahrnehmung

ab 1 3/4 Jahren

Haifischbecken

Ziel: Auditive Aufmerksamkeit

Material:
1 Schuhkartondeckel • 3 leere Toilettenpapierrollen • 1 Schere • Wasserfarben und Pinsel • Wasserbehälter • Kleber • 6 Wackelaugen • einige Holzkugeln, Glaskugeln oder Murmeln • 1 Heißklebepistole • 1 Körbchen • 1 Tablett

Vorbereitung:
Die Toilettenpapierrollen werden an einem Ende so eingeschnitten, dass ein Maul entsteht. Die Rollen und der Schuhkartondeckel werden blau angemalt. Je zwei Wackelaugen werden auf eine Rolle geklebt. Die so entstandenen „Haie“ werden mit der Heißklebepistole auf dem Schuhkartondeckel so festgeklebt, dass die Mäuler einander gegenüberliegen. Die Kugeln werden in das Körbchen gelegt. Die Materialien werden auf das Tablett gestellt.

Durchführung:
Die Kinder nehmen den Kartondeckel in die Hand und versuchen, die Kugeln in die Fischmäuler rollen zu lassen. Leichter ist es, wenn ein Erwachsener die Kugel rollt und die Kinder versuchen, sie zu fangen. Dieses Spiel macht schon Einjährigen Spaß. Schaffen sie es, die Kugel zu fangen, bevor der Hai sie frisst?

Auditive Wahrnehmung

Murmelschnecke

ab 1 1/2 Jahren

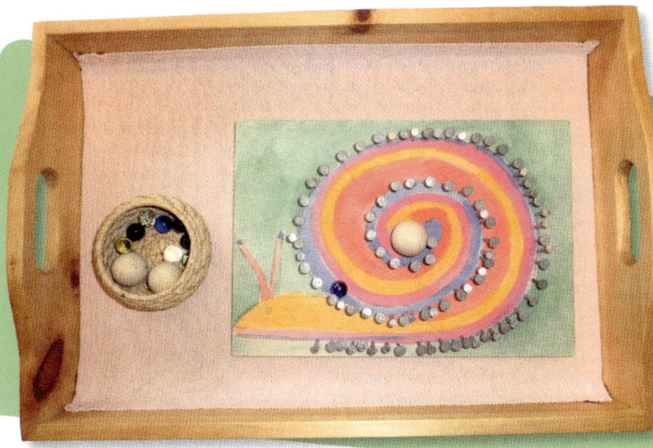

Ziel: Auditive Aufmerksamkeit

Material:
1 Holzplatte in DIN A4 • Nägel • 1 Hammer • Wasserfarben und Pinsel • Wasserbehälter • Murmeln und Holzkugeln • 1 Körbchen • 1 Tablett

Vorbereitung:
Die Nägel werden in Schneckenform in engen Abständen mit dem Hammer auf der Holzplatte angebracht. Danach wird die Platte mit Wasserfarben bemalt. Die Murmeln werden in das Körbchen gelegt und alles auf dem Tablett platziert.

Durchführung:
Ein Erwachsener lässt eine Murmel durch die Schnecke rollen. Kinder ab einem Jahr hören auf das Geräusch, das die Murmel macht, wenn sie an den Nägeln entlangrollt. Sie können versuchen, die Murmel zu fangen. Größere Kinder lassen die Murmeln selbstständig in dem Nagelbrett rollen.

Auditive Wahrnehmung

Große Murmelbahn

ab 1 1/2 Jahren

Ziel: Auditive Aufmerksamkeit

Material:
1 Sperrholzplatte • Papprollen • Versandrollen • 1 Heißklebepistole • Nägel • 1 Hammer • einige Becher • Washi Tape • Bänder • Murmeln • 1 Handbohrer • Dübel und Schrauben • 1 Körbchen

Vorbereitung:
In die Versand- und Papprollen werden spiralförmig von oben nach unten Nägel gehämmert. Mit Washi Tape und Bändern können die Rollen verziert werden. Anschließend werden sie mit Heißkleber auf die Platte geklebt, sodass eine Murmelbahn entsteht. Die Becher werden als Auffangstation für die Murmeln am Ende der Bahnen befestigt. Das Aktionsbrett kann mit Löchern versehen und an eine Wand geschraubt werden. So können die Kinder stehend an der Murmelbahn spielen. Die Murmeln werden in das Körbchen gelegt.

Durchführung:
Die Kinder nehmen die Murmeln und werfen sie in die verschiedenen Öffnungen. Wie klingt die Röhre mit den Nägeln? In welcher Röhre rollt die Murmel am längsten?

Auditive Wahrnehmung

Geräusch-Memory®

ab 2 3/4 Jahren

Ziel: Auditive Aufmerksamkeit

Material:
6 Überraschungsei-Kapseln • Füllmaterial (Reis, Sand, Wasser, Watte, Murmeln …) • Washi Tape • 2 Schalen • 3 farbige Schälchen • 1 Tablett

Vorbereitung:
Immer zwei Überraschungsei-Kapseln werden mit dem gleichen Material gefüllt. Sie können mit Washi Tape verziert werden. Die Geräuschepartner werden getrennt in zwei Schalen sortiert und auf das Tablett gestellt. Die drei farbigen Schälchen werden ebenfalls auf dem Tablett platziert.

Durchführung:
Die Kinder ziehen zuerst aus der einen Schale eine Kapsel und schütteln sie. Wie hört sich das an? Was könnte darin sein? Nun wird in der zweiten Schale nach dem Geräuschepartner gesucht. Die Partner werden zusammen in ein Körbchen gelegt.

Taktile Wahrnehmung

Tastbrett

ab 1 Jahr

Ziel: Berührungswahrnehmung

Material:
1 größeres Brett • verschiedenes Fühlmaterial (z. B. Sandpapier, Muscheln, Federn, Kronkorken etc.) • 12 Bilderrahmen in DIN A5 • 1 Schere • 1 Heißklebepistole • Handbohrer • Nägel

Vorbereitung:
Mit der Heißklebepistole werden die verschiedenen Materialien in die Bilderrahmen geklebt, deren Glasscheibe zuvor entfernt wurde. Die Bilderrahmen werden anschließend ebenfalls mit der Heißklebepistole auf dem Brett angebracht. Nun werden Löcher in das Brett gebohrt, damit die Aktionswand mit Hilfe von Nägeln im Gruppenraum angebracht werden kann.

Durchführung:
Die Kinder ertasten die verschiedenen Materialien. Wie fühlen sich die Gegenstände an? Sind sie hart, weich, rau … Erkennen die Kinder die Gegenstände und können sie benennen?

Taktile Wahrnehmung

Was gehört wohin?

ab 2 ½ Jahren

Ziel: Berührungswahrnehmung

Material:
1 Brett in DIN A4 • verschiedenes Fühlmaterial in zweifacher Ausführung (z. B. Sandpapier, Federn, Spiegel …) • 1 Bogen weiße Pappe in DIN A4 • 1 Schere • Kleber • 1 dicker schwarzer Filzstift • 1 Lineal • 1 Körbchen • 1 Tablett

Vorbereitung:
Das Brett wird mit dem schwarzen Filzstift und dem Lineal in drei mal vier Quadrate eingeteilt. Die entstandenen Felder werden nun mit unterschiedlichem Fühlmaterial beklebt. Aus der Pappe werden Legekärtchen in der Größe der Felder zugeschnitten und mit dem jeweils gleichen Fühlmaterial beklebt. Die Kärtchen werden in das Körbchen gelegt, das zusammen mit dem Tastbrett auf das Tablett gestellt wird.

Durchführung:
Die Kinder ziehen ein Legekärtchen aus dem Körbchen. Was sehen sie auf dem Legekärtchen? Wie fühlt es sich an? Die Kinder ordnen die Legekärtchen den Feldern auf dem Spielbrett richtig zu.

Taktile Wahrnehmung

Jahreszeitenwanne

ab 1 Jahr

Ziel: Berührungswahrnehmung

Material:
1 Aktionswanne • verschiedenes Füllmaterial (z. B. zu Ostern: Ostergras, kleine Küken, Eier …) • mehrere Schälchen

Vorbereitung:
Die Wanne wird mit dem Füllmaterial befüllt. Je nach Jahreszeit können passende Materialien verwendet werden.

Durchführung:
Die Kinder holen die einzelnen Materialien mit der Hand aus der Wanne. Was haben sie alles gefunden? Ältere Kinder ab 1 ½ Jahren können die einzelnen Dinge in verschiedene Schälchen sortieren.

Taktile Wahrnehmung

ab 1 Jahr

Linsenbad

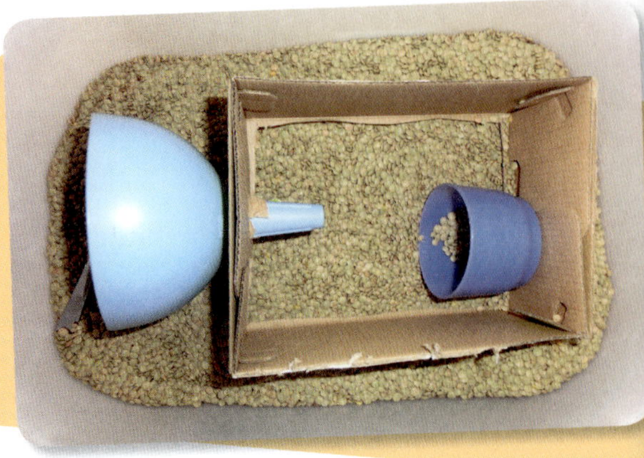

Ziel: Berührungswahrnehmung

Material:
2 Aktionswannen • Tellerlinsen (ca. 10 Packungen à 500 g für eine 32-L-Wanne) • 1 Trichter • 1 Schälchen • 1 Löffel • 1 Cuttermesser • 1 Schuhkarton • 1 Heißklebepistole

Vorbereitung:
Eine der Wannen wird zu etwa einem Drittel mit den Linsen gefüllt. Mit dem Cuttermesser wird der Schuhkarton zugeschnitten: Der Boden wird herausgetrennt und in eine der kurzen Seiten wird ein Loch für den Trichter geschnitten. Der Trichter wird so in das Loch gesteckt, dass das Rohr nach innen zeigt, und mit der Heißklebepistole fixiert. Auf der unteren Seite wird mit der Heißklebepistole ein Schälchen im Karton festgeklebt. Der Karton und die übrigen Materialien werden in die Wanne gelegt. Die zweite Wanne wird neben die erste gestellt.

Durchführung:
Die Kinder stellen den Schuhkarton mit der Trichteröffnung nach oben in die zweite Aktionswanne und löffeln die Linsen von der einen Wanne durch den Trichter in die zweite Wanne.

Taktile Wahrnehmung

ab 1 ½ Jahren

Barfußparcours

Ziel: Berührungswahrnehmung

Material:
1 großes Brett • verschiedenes Fühlmaterial (z. B. Federn, Sandpapier, Holzrinde oder Holzscheiben, Knisterfolie, Moosgummi …) • 1 Heißklebepistole

Vorbereitung:
Das Fühlmaterial wird mit der Heißklebepistole auf das Brett geklebt. Das Brett wird auf dem Boden ausgelegt.

Durchführung:
Die Kinder können barfuß über das Brett balancieren und die unterschiedlichen Materialien erfühlen und erkunden.

Taktile Wahrnehmung

Säckchen-Lotto

ab 1 3/4 Jahren

Ziel: Berührungswahrnehmung

Material:
1 Säckchen • 1 Bogen weißes Papier in DIN A4 • verschiedenes Fühlmaterial (z. B. Kork, Federn, Löffel …) • 1 Kamera • Laminiergerät und -folie • Kleber • 1 Tablett

Vorbereitung:
Die einzelnen Gegenstände werden mit der Kamera abfotografiert und die Fotos anschließend entwickelt oder ausgedruckt. Die Fotos werden auf das weiße Papier geklebt und dieses wird laminiert. Das Fühlmaterial wird in das Säckchen gelegt, das zusammen mit den laminierten Fotos auf dem Tablett platziert wird.

Durchführung:
Die Kinder ertasten blind einen Gegenstand aus dem Säckchen, holen ihn aber noch nicht heraus. Erkennen sie den Gegenstand? Nun ziehen die Kinder den Gegenstand aus dem Säckchen, benennen ihn und legen diesen auf das passende Bild. Gemeinsam mit den Kindern kann auch die Oberflächenbeschaffenheit, die Farbe und die Verwendung des Gegenstandes besprochen werden. Deshalb kann dieses Spiel auch dem Förderbereich „Sprachverständnis“ zugeordnet werden.

Taktile Wahrnehmung

Fühlschlange

ab 9 Mon.

Ziel: Berührungswahrnehmung

Material:
1 Feinstrumpfhose • Füllmaterial (z. B. Watte, Knöpfe, Kastanien, Paketfolie, Linsen usw.) • kleine Stücke roter und weißer Filz • Bänder • 1 Schere • 1 schwarzer Filzstift • 1 Heißklebepistole • 1 Tablett

Vorbereitung:
Die Strumpfhose wird mit verschiedenem Material gefüllt, das jeweils mit einem der Bänder abgeteilt wird. Aus dem weißen Filz werden zwei Augen und aus dem roten Filz eine Zunge für die Schlange ausgeschnitten. Mit dem Stift werden Pupillen auf die Augen gemalt. Dann wird alles mit der Heißklebepistole vorne auf den „Kopf“ der Fühlschlange geklebt. Die fertige Fühlschlange wird auf das Tablett gelegt.

Durchführung:
Die Kinder ertasten die verschiedenen Füllmaterialien in der Schlange.

Taktile Wahrnehmung

ab 9 Mon.

Haargelzipper

Ziel: Umgang mit formbarem Material

Material:
1 Zippbeutel • Haargel • Füllmaterial (z. B. Glasnuggets, Glibberperlen …) • Washi Tape • 1 Heißklebepistole • Nagellackentferner • Wattepads • 1 Tablett

Vorbereitung:
Mit den Wattepads und dem Nagellackentferner wird das Logo auf dem Zippbeutel entfernt. Nun wird Haargel und Füllmaterial in den Beutel gefüllt. Anschließend wird der Reißverschluss mit der Heißklebepistole verschlossen und zur Sicherheit mit dem Washi Tape zugeklebt, damit keine Flüssigkeit austritt.

Durchführung:
Die Kinder können das Material mit den Fingern durch den Beutel ertasten und die Gegenstände hin und her schieben.

Taktile Wahrnehmung

ab 2 1/2 Jahren

Knetfiguren

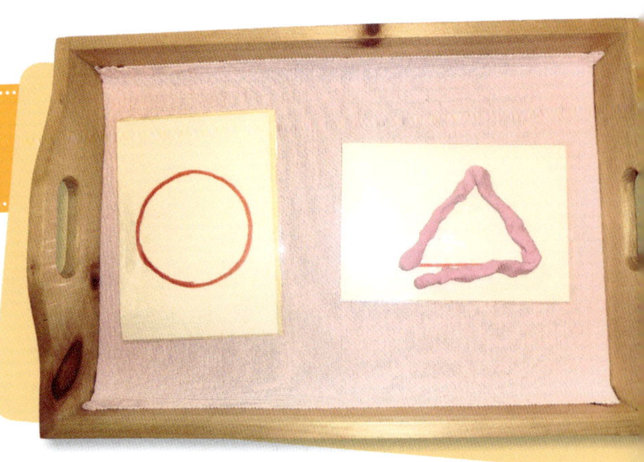

Ziel: Umgang mit formbarem Material

Material:
Knete • Laminiergerät und -folie • einige Bögen weißes Papier in DIN A4 • 1 Filzstift • 1 Tablett

Vorbereitung:
Auf je einen Bogen Papier wird eine einfache Grundform (Quadrat, Kreis, Dreieck …) gezeichnet. Anschließend wird das Papier laminiert und zusammen mit der Knete auf das Tablett gelegt.

Durchführung:
Die Kinder formen die Figuren mit der Knete nach, indem sie zuerst lange Schlangen rollen und die Figur dann auf der Vorlage nachlegen.

Taktile Wahrnehmung

ab 1 3/4 Jahren

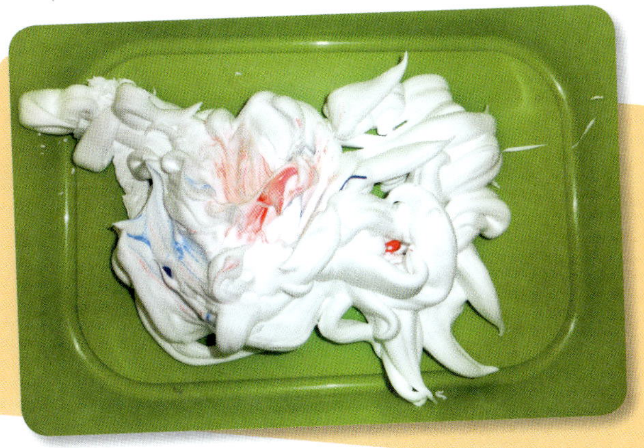

Schaumwanne

Ziel: Umgang mit formbarem Material

Material:
1 Aktionswanne • 1 Flasche Rasierschaum • Lebensmittelfarbe

Vorbereitung:
–

Durchführung:
Die Kinder beschäftigen sich mit dem Rasierschaum und der Lebensmittelfarbe. Beim Betätigen des Sprühkopfes benötigen die Kinder die Hilfe eines Erwachsenen. Bevor das nächste Kind mit der Schaumwanne spielt, sollte diese gereinigt werden.

Taktile Wahrnehmung

ab 1 1/2 Jahren

Klebesand

Ziel: Umgang mit formbarem Material

Material:
2 Tassen Spielsand • 1 Tasse Haarspülung • Murmeln • 1 Tablett

Vorbereitung:
Der Sand wird mit der Haarspülung vermischt und mit den Händen auf das Tablett gegeben. Die Murmeln werden dazugelegt.

Durchführung:
Mit den Händen oder Fingern können die Kinder Straßen, Formen, Zahlen oder Buchstaben in den Sand drücken und die Murmeln anschließend durch die Straßen führen.

Kognitive Fähigkeiten

Autofahren

ab 1 Jahr

Ziel: Umgang mit Mengen und Zahlen

Material:
mehrere Bögen weißes Papier in DIN A4 • 1 Filzstift • Laminiergerät und -folie • einige kleine Spielzeugautos • 1 Körbchen • 1 Tablett

Vorbereitung:
Auf je einen Bogen Papier wird eine Zahl geschrieben oder eine Spirale, Zickzacklinie o. Ä. gezeichnet. Das Papier wird anschließend laminiert. Die Spielzeugautos werden in das Körbchen gelegt und zusammen mit dem übrigen Material auf das Tablett gestellt.

Durchführung:
Die Kinder fahren die Zahlen und Formen mit den Autos nach.

Kognitive Fähigkeiten

Zahlenschlange

ab 1 1/2 Jahren

Ziel: Umgang mit Mengen und Zahlen

Material:
1 Brett • 1 Schnur • 1 große Holzkugel zum Auffädeln • 2 leere Toilettenpapierrollen • 1 schwarzer Filzstift • 1 Schere • Klebeetiketten • Washi Tape • 1 Heißklebepistole • 1 Elektrotacker

Vorbereitung:
Die leeren Toilettenpapierrollen werden in zwei bzw. drei Teile geschnitten und mit Washi Tape verziert. Die Zahlen von 1 bis 5 werden mit dem schwarzen Filzstift auf die Klebeetiketten geschrieben. Diese werden auf die Rollen geklebt. Die Rollen werden nun mit der Heißklebepistole oder mit dem Washi Tape in der Reihenfolge von 1 bis 5 auf dem Brett befestigt. Dann wird die Schnur durch alle Rollen gelegt und die Kugel eingefädelt. Die Schnur wird mit beiden Enden mit dem Elektrotacker am Brett befestigt.

Durchführung:
Die Kinder führen die Kugel durch die Toilettenpapierrollen und lernen so die Abfolge der Zahlen von 1 bis 5 und zurück kennen.
Jüngere Kinder lernen bei diesem Spiel, die Kugel durch die Rollen zu führen.

Kognitive Fähigkeiten

Zahlen-Quetsch

ab 2 ¾ Jahren

Ziel: Umgang mit Mengen und Zahlen

Material:
1 Zippbeutel • Haargel • 6 Glasnuggets • 1 dicker, wasserabweisender Filzstift • Watte • Nagellackentferner • 1 Tablett

Vorbereitung:
Mit den Wattepads und dem Nagellackentferner wird das Logo auf dem Zippbeutel entfernt. Dann werden mit dem schwarzen Filzstift große Kreise mit den Zahlen von 1 bis 3 aufgemalt. Zum Schluss wird der Zippbeutel mit den Glasnuggets und dem Haargel befüllt und auf das Tablett gelegt.

Durchführung:
Die Kinder schieben die richtige Anzahl der Glasnuggets in den jeweiligen Mengenkreis. Die Handbewegung ähnelt dabei der Stifthaltung.

Kognitive Fähigkeiten

Bausteintürme

ab 2 ¾ Jahren

Ziel: Umgang mit Mengen und Zahlen

Material:
einige 4er-Bausteine • mehrere Bögen Tonkarton in DIN A4 • Kleber • 1 Schere • bunte Filzstifte in den Farben der Bausteine • 1 Körbchen • 1 Tablett

Vorbereitung:
Aus dem Tonkarton werden fünf gleich große Pappstücke in DIN A5 ausgeschnitten und in der Mitte gefaltet. Auf je die linke Seite wird eine Zahl von 1 bis 5 geschrieben, auf die rechte Seite wird ein Turm mit der entsprechenden Zahl an Bausteinen gezeichnet. Die Farben sollten denen der Bausteine entsprechen. Die Bausteine werden in das Körbchen gelegt, das zusammen mit dem übrigen Material auf dem Tablett platziert wird.
Natürlich können mit den Kindern auch höhere Zahlen als bis 5 geübt werden. Dann muss die Anzahl der Tonkarton-Bögen und der Bausteine angepasst werden.

Durchführung:
Die Kinder bauen die Türme den Abbildungen entsprechend nach. Mit dieser Übung lernen sie nicht nur das Zählen und Erkennen von Zahlen, sondern auch, nach Anleitung zu bauen.

Kognitive Fähigkeiten

ab 2 3/4 Jahren

Zahlen-Osterwiese

Ziel: Umgang mit Mengen und Zahlen

Material:
Tonkarton in verschiedenen Farben in DIN A4 • Kleber • 1 Bogen Papier in DIN A4 • 1 Bleistift • 1 Schere • Osterfiguren (z. B. Osterhase, Ostereier …) • Laminiergerät und -folie • selbstklebender Klettverschluss • 1 Würfel • Klebezahlen von 1 bis 6 • 1 Körbchen • 1 Tablett

Vorbereitung:
Auf den bunten Tonkarton werden mit dem Bleistift eine Wiese und Blumen gezeichnet. Diese werden ausgeschnitten und auf das Papier geklebt. Das Papier wird laminiert. Die Osterfiguren werden mit dem selbstklebenden Klettverschluss versehen, ebenso die Stellen auf dem laminierten Papier, auf welche die Osterfiguren gesetzt werden sollen. Die Osterfiguren werden außerdem mit den Klebezahlen versehen und in das Körbchen gelegt. Die Materialien werden auf dem Tablett platziert.

Durchführung:
Die Kinder würfeln und nehmen das der Zahl entsprechende Wiesen-Teil aus dem Körbchen, um daraus die Osterwiese fertigzustellen.

Kognitive Fähigkeiten

ab 2 3/4 Jahren

Pfeifenputzer-Zahlen

Ziel: Umgang mit Mengen und Zahlen

Material:
5 Bausteine • 5 Pfeifenputzer • Klebezahlen von 1 bis 5 • 15 Perlen zum Auffädeln • 1 Körbchen • 1 Tablett

Vorbereitung:
Die Bausteine werden mit den Klebezahlen beklebt. Dann wird je ein Pfeifenputzer um einen Baustein gewickelt. Die Zahlen sollten gut erkennbar bleiben. Die Perlen werden in das Körbchen gelegt, das zusammen mit den restlichen Materialien auf das Tablett gestellt wird.

Durchführung:
Die Kinder reihen die Perlen entsprechend der vorgegebenen Zahl auf die Pfeifenputzer.

Kognitive Fähigkeiten

ab 2 3/4 Jahren

Zahlenkreis

Ziel: Umgang mit Mengen und Zahlen

Material:
1 Bogen Tonkarton in DIN A4 • Laminiergerät und -folie • 1 Bleistift • 1 schwarzer Filzstift • 1 Schere • Klebepunkte • 1 Geodreieck • 6 Wäscheklammern • 1 Körbchen • 1 Tablett

Vorbereitung:
Ein Kreis mit etwa 20 cm Durchmesser wird auf den Tonkarton gezeichnet, ausgeschnitten und mit dem Geodreieck in sechs gleich große Stücke unterteilt. Dazu werden jeweils 60-C°-Winkel eigezeichnet. Die Zahlen von 1 bis 6 werden im Uhrzeigersinn mit dem schwarzen Filzstift hineingeschrieben und die entsprechende Anzahl an Klebepunkten wird in die jeweiligen „Tortenstücke“ geklebt. Anschließend wird der Zahlenkreis laminiert. Auch auf die Wäscheklammern werden die Zahlen von 1 bis 6 geschrieben. Sie werden in das Körbchen gelegt und zusammen mit dem Zahlenkreis auf dem Tablett platziert.

Durchführung:
Die Kinder nehmen eine Wäscheklammer und klemmen sie an den richtigen Platz.

Kognitive Fähigkeiten

ab 2 Jahren

Deckel-Memory®

Ziel: Merkfähigkeit

Material:
mindestens 12 gleich große Deckel • Sprüh-Farblack • verschiedene Materialien (z. B. Faden, Sandpapier, Glasnuggets …) • 1 Heißklebepistole • 1 Tablett

Vorbereitung:
Die Deckel werden auf der Oberseite mit Farblack besprüht. Auf die Innenseite zweier Deckel wird mit der Heißklebepistole jeweils das gleiche Material geklebt. Die Deckel werden verdeckt auf das Tablett gelegt.

Durchführung:
Die Kinder spielen Deckel-Memory®: Welche Paare passen zusammen?
Jüngeren Kindern werden höchstens zwei Paare gegeben. Kinder ab 2 Jahren können sich an vier Paare wagen.

Kognitive Fähigkeiten

ab 3 Jahren

Farb-Stiele

Ziel: Merkfähigkeit

Material:
3 Bastelstäbchen • Moosgummi in verschiedenen Farben • 1 Bogen weißes Papier in DIN A4 • Laminiergerät und -folie • Buntstifte in den Farben des Moosgummis • 1 Schere • Kleber • 1 Körbchen • 1 Tablett

Vorbereitung:
Auf das Papier werden mit den Buntstiften einige Reihen mit verschiedenfarbigen Punkten gemalt. Das Papier wird laminiert. Aus dem Moosgummi wird in den Farben der Punkte die entsprechende Anzahl an kleinen Quadraten (so groß wie ein Bastelstäbchen breit ist) geschnitten. Die Quadrate werden oben, unten und in der Mitte auf die Stäbchen geklebt. Die Punkte auf dem Papier sollten die gleichen Abstände haben. Die Stäbchen werden in das Körbchen gelegt, das zusammen mit dem laminierten Papier auf dem Tablett platziert wird.

Durchführung:
Die Kinder ziehen ein Stäbchen aus dem Korb und benennen die einzelnen Farben. Nun legen sie das Stäbchen dort auf das Papier, wo sich die gleiche Anordnung der Farben befindet wie auf dem Stäbchen. Dieses Spiel dient auch der Farbwahrnehmung.

Kognitive Fähigkeiten

ab 2 3/4 Jahren

Stäbchenpuzzle

Ziel: Merkfähigkeit

Material:
10 Bastelstäbchen • 1 dünner schwarzer Filzstift • Wasserfarben und Pinsel • Wasserbehälter • Klebeband • 1 Körbchen • 1 Tablett

Vorbereitung:
Die Bastelstäbchen werden nebeneinandergelegt und mit dem Klebeband auf einer Seite zusammengeklebt. Dann wird das Päckchen herumgedreht und oben mit dem Filzstift mit kleinen Ziffern durchnummeriert. Die Kinder bemalen die Bastelstäbchen auf der Seite ohne Klebeband mit Wasserfarben. Nach dem Trocknen wird das Klebeband entfernt und die Stäbchen werden in das Körbchen gelegt, das auf das Tablett gestellt wird.

Durchführung:
Die Kinder ziehen die Stäbchen aus dem Körbchen und legen die richtigen „Puzzleteile" aneinander. Mit Hilfe der Nummern kann anschließend kontrolliert werden, ob das Puzzle richtig gelöst wurde.

ab 2 ¾ Jahren

Farbtürme

Ziel: Merkfähigkeit

Material:
1 Deckel (z. B. von Schraubgläsern) • einige runde, weiße Bierdeckel • 1 Schraubglas mit Deckel • 1 Zahnstocher • 1 Heißklebepistole • Buntstifte • Bügelperlen • 1 Handbohrer • 1 Tablett

Vorbereitung:
Mit dem Handbohrer wird ein Loch in den Deckel gebohrt. Der Zahnstocher wird mit der Heißklebepistole hineingeklebt. Auf die Bierdeckel werden mit den Buntstiften Reihenfolgen an Farbpunkten gemalt. Die Farben sollten denen der Bügelperlen entsprechen. Die Bügelperlen werden in das Schraubglas geschüttet und die Materialien auf dem Tablett platziert.

Durchführung:
Die Kinder öffnen das Schraubglas und schütten die Bügelperlen in den Deckel. Dann ziehen sie eine Karte mit Farbpunkten und setzen die Bügelperlen nach dieser Vorlage auf den Zahnstocher. Bitte achten Sie darauf, dass kein Kind sich an der Spitze des Zahnstochers verletzt. Diese kann auch abgeschnitten werden.

Kognitive Fähigkeiten

ab 2 ¾ Jahren

Tast-Memory®

Ziel: Merkfähigkeit

Material:
1 Bogen Tonkarton in DIN A3 • verschiedenes Papier (Schmirgel-, Krepp-, Regenbogenpapier …) • Kleber • 1 Stoffsäckchen • 1 Tablett

Vorbereitung:
Aus dem Tonkarton werden mindestens 12 Pappstücke geschnitten, die etwa so groß wie Postkarten sind. Immer zwei Pappstücke werden mit dem gleichen Papier beklebt. Die Pappstücke werden in das Säckchen gesteckt und dieses wird auf das Tablett gelegt.

Durchführung:
Das Kind zieht blind ein Pappstück aus dem Säckchen und benennt die Struktur des Papiers. Wie fühlt es sich an? Ist es rau, grobkörnig oder glatt? Das Spiel ist wie ein Memory® einsetzbar: Die Kinder erfühlen den passenden Partner und holen die jeweiligen Karten aus dem Säckchen. Nicht passende Karten werden zurückgelegt. Das Material fördert auch die auditive Wahrnehmung sowie die Sprachfähigkeit.

Kognitive Fähigkeiten

Farbschlange

ab 2 Jahren

Ziel: Merkfähigkeit

Material:
Laminiergerät und -folie • 1 Bogen Papier in DIN A4 • Legeplättchen in unterschiedlichen Farben (Glasnuggets oder bemalte Steine) • 1 schwarzer Filzstift • Buntstifte in den Farben der Legeplättchen • 1 Körbchen • 1 Tablett

Vorbereitung:
Mit dem schwarzen Filzstift wird eine Schlange auf das Papier gezeichnet. In regelmäßigen Abständen werden bunte Punkte auf den Schlangenkörper gemalt. Die Farben sollten denen der Legeplättchen entsprechen. Das Papier wird laminiert und die Legeplättchen werden in das Körbchen gelegt. Die Materialien werden auf dem Tablett platziert.

Durchführung:
Die Kinder benennen zuerst die Farben, die auf der Schlange abgebildet sind. Dann ziehen sie die Legeplättchen mit den gesuchten Farben aus dem Körbchen und legen sie auf die entsprechenden Punkte. Diese Übung kann auch dem Bereich „Farbwahrnehmung" zugeordnet werden.

Lebenspraktische Übungen

Klett-Haus

ab 1 1/4 Jahren

Ziel: An- und Ausziehen

Material:
einige Bögen farbiger Tonkarton in DIN A4 • selbstklebender Klettverschluss • 1 Bleistift • 1 Lineal • 1 Schere • Laminiergerät und -folie • 1 Körbchen • 1 Tablett

Vorbereitung:
Aus dem Tonkarton werden Formen ausgeschnitten, die für ein Haus benötigt werden: ein großes Quadrat (Haus), ein Dreieck (Dach), ein kleines Quadrat (Fenster) und ein Rechteck (Tür). Die Formen werden laminiert und ausgeschnitten. Anschließend werden die Formen an den Stellen, an denen sie zusammengesetzt werden, mit dem Klettverschluss beklebt und in das Körbchen gelegt, das auf das Tablett gestellt wird.

Durchführung:
Die Kinder setzen die Häuser zusammen. Dieses Material kann auch zur Förderung der Formwahrnehmung eingesetzt werden.

Lebenspraktische Übungen

ab 1 Jahr

Ich ziehe mich an und aus

Ziel: An- und Ausziehen

Material:

1 große Sperrholzplatte (oder 1 kleine Sperrholzplatte und 1 Tablett) • Acrylfarbe oder Magnetfarbe • Farbroller • Bohrmaschine • Nägel • Klettverschluss • Reißverschluss • Schnürsenkel • Konkav-Konvex-Spiegel (z. B. erhältlich unter *www.hagemann.de/physik/optik/konkav-konvex-Spiegel)* • 1 Heißklebepistole • Elektrotacker • Stoffklebeband

Vorbereitung:

Die Sperrholzplatte wird in der gewünschten Farbe grundiert. Statt Acrylfarbe kann auch Magnetfarbe verwendet werden, um die Aktionswand für Magnetspiele zu nutzen. Nach dem Trocknen werden die verschiedenen Verschlüsse mit dem Elektrotacker befestigt. Der Konkav-Konvex-Spiegel wird mit Hilfe der Heißklebepistole auf der Platte angebracht. Die Tackernadeln werden mit dem Stoffklebeband überklebt. Die Aktionswand kann mit Hilfe einer Bohrmaschine und Nägeln an einer Wand befestigt werden.

Durchführung:

Die Kinder arbeiten stehend an der Aktionswand und probieren die unterschiedlichen Verschlüsse aus. Mit dem Spiegel können optische Experimente durchgeführt werden. Ältere Kinder können an der Wand das Knotenmachen und Schleifenbinden üben.

Lebenspraktische Übungen

ab 1 Jahr

Klettstirnband

Ziel: An- und Ausziehen

Material:

dicker Filz (ca. 40 cm lang) • selbstklebender Klettverschluss • Streuteile aus Filz • 1 Schere • 1 Maßband • 1 Körbchen • 1 Tablett

Vorbereitung:

Der Filz wird ausgemessen. Er sollte um den Kopf eines Kindes passen und in der entsprechenden Länge abgeschnitten werden. Auf den Filzstreifen wird der Klettverschluss geklebt. An ein Ende des Stirnbands wird zusätzlich ein Gegenstück des Klettverschlusses befestigt, um es öffnen und schließen zu können. Die Streuteile werden ebenfalls mit dem Gegenstück beklebt und in das Körbchen gelegt, das zusammen mit dem Filzstreifen auf dem Tablett platziert wird.

Durchführung:

Die Kinder können die Streuteile an den Klettstreifen kletten und diesen als Stirnband tragen.

Lebenspraktische Übungen

ab 1 ½ Jahren

Streichholz-Überraschung

Ziel: Öffnen und Schließen

Material:
mehrere leere Streichholzschachteln • verschiedenes Füllmaterial, z. B. Knöpfe, Steine, Münzgeld • 2 Schalen • 1 Tablett

Vorbereitung:
Die Streichholzschachteln werden mit den Materialien gefüllt und in eine der beiden Schalen gelegt. Die Anzahl sollte variieren: In eine Schachtel kann ein Knopf gefüllt werden, in die nächste zwei usw. Die zweite Schale wird ebenfalls auf das Tablett gestellt.

Durchführung:
Die Kinder schieben eine Streichholzschachtel auf und entnehmen das darin enthaltene Material. Dieses wird in die leere Schale gefüllt. Zum Schluss können die Kinder die Streichholzschachteln mit den Materialien neu befüllen.

Lebenspraktische Übungen

ab 2 ½ Jahren

Federn einklemmen

Ziel: Öffnen und Schließen

Material:
mehrere Gefrierklemmen • mehrere Federn • 2 Gläser • 1 Schälchen • 1 Tablett

Vorbereitung:
Die Gefrierklemmen werden in ein Glas gefüllt, die Federn in das andere. Die Gläser und das Schälchen werden auf das Tablett gestellt.

Durchführung:
Die Kinder klemmen die Federn mit den Gefrierklemmen ein. Die eingeklemmten Federn werden in das Schälchen gelegt. Anschließend können sie die Klemmen wieder öffnen, die Federn herausnehmen und erneut einklemmen.

Wie geht das auf?

ab 1 1/4 Jahren

Ziel: Öffnen und Schließen

Material:
Schraubgläser, Brotdosen, Plastikflaschen u. Ä. • Sticker oder Washi Tape • 1 Tablett

Vorbereitung:
Die Gegenstände werden mit den Stickern oder dem Washi Tape verziert und auf dem Tablett platziert.

Durchführung:
Die Kinder üben, die Behälter zu öffnen und zu schließen.

Wie decke ich den Tisch?

ab 1 1/2 Jahren

Ziel: Tisch decken

Material:
1 Bogen Papier in DIN A4 • 1 dünner, schwarzer Filzstift • 1 Teller • je 1 kleine und 1 große Gabel • je 1 kleiner und 1 großer Löffel • 1 Messer • 1 Glas • Laminiergerät und -folie • 1 Becher • 1 Tablett

Vorbereitung:
Die Umrisse des Geschirrs und Bestecks werden in richtiger Anordnung auf das Blatt Papier gemalt. Anschließend wird das Blatt laminiert und zusammen mit dem Geschirr und Besteck, das in den Becher kommt, auf das Tablett gelegt.

Tipp: Besonders wertschätzend für die Kinder ist es, wenn sie Porzellangeschirr statt Plastikgeschirr – wie hier abgebildet – verwenden dürfen.

Durchführung:
Die Kinder holen die einzelnen Gegenstände aus dem Korb und benennen sie. Nun werden die Gegenstände auf dem laminierten Papier richtig angeordnet. Die Kinder können dabei erzählen, wozu sie die jeweiligen Gegenstände brauchen.

Lebenspraktische Übungen

Wäscheklammer-Sonne

ab 1 3/4 Jahren

Ziel: Wäsche auf- und abhängen

Material:
1 Bogen gelber Tonkarton in DIN A4 • 1 Schere • 1 Bleistift • 1 roter und 1 schwarzer Filzstift • gelbe / helle Wäscheklammern • Laminiergerät und -folie • 1 Körbchen • 1 Tablett

Vorbereitung:
Auf den gelben Tonkarton wird mit dem Bleistift ein Kreis gezeichnet. Mit den Filzstiften wird ein Gesicht aufgemalt und die „Sonne" wird laminiert und ausgeschnitten. Die Wäscheklammern werden in das Körbchen gelegt und zusammen mit dem Sonnen-Gesicht auf das Tablett gestellt.

Durchführung:
Die Kinder nehmen jeweils eine Wäscheklammer aus dem Körbchen und klemmen sie an den Kreis. Die Wäscheklammern sind die Sonnenstrahlen. Anschließend werden die Wäscheklammern wieder abgenommen und zurück ins Körbchen gelegt. Den Kindern fällt es leichter, die Klammern abzuziehen als zu befestigen. Beim Befestigen brauchen sie oft noch die Hilfe eines Erwachsenen.

Lebenspraktische Übungen

Klammer-Engel

ab 1 3/4 Jahren

Ziel: Wäsche auf- und abhängen

Material:
1 Bogen weißer Tonkarton in DIN A4 • 1 Schere • 1 Bleistift • Buntstifte • Wäscheklammern • Laminiergerät und -folie • ggf. Material zum Verzieren des Engels (Aufkleber, Glitzer …) • 1 Körbchen • 1 Tablett

Vorbereitung:
Auf den Tonkarton wird mit dem Bleistift ein Engel ohne Beine gezeichnet. Dieser wird ausgemalt bzw. verziert. Anschließend wird er laminiert und ausgeschnitten. Für ältere Kinder kann zusätzlich ein Engel ohne Flügel hergestellt werden. Die Wäscheklammern werden in das Körbchen gelegt und zusammen mit dem Engel auf dem Tablett platziert.

Durchführung:
Die Kinder klemmen die Wäscheklammer an den Körper des Engels, damit er stehen kann. Ältere Kinder klemmen als Flügel drei Wäscheklammern zusätzlich an.